만만한 세계도전

러시아어 첫걸음

만만한 세계도전 러시아어 첫걸음

지은이 전혜진
발행인 서덕일
발행처 오르비타

초판 2쇄 인쇄 2018년 5월 10일
초판 2쇄 발행 2018년 5월 17일

책임편집 서민우
일러스트 홍승표
디자인 싱타디자인 고희선

출판등록 제2014-66호(2014년 11월 17일)
주소 (10881)경기도 파주시 회동길 366(서패동)
전화 (02)499-1281,2 / **팩스** (02)499-1283
전자우편 info@moonyelim.com

값 14,800원(본책+동영상 강의+MP3)
ISBN 979-11-954448-7-8 18790

만만한 세계도전

러시아어 첫걸음

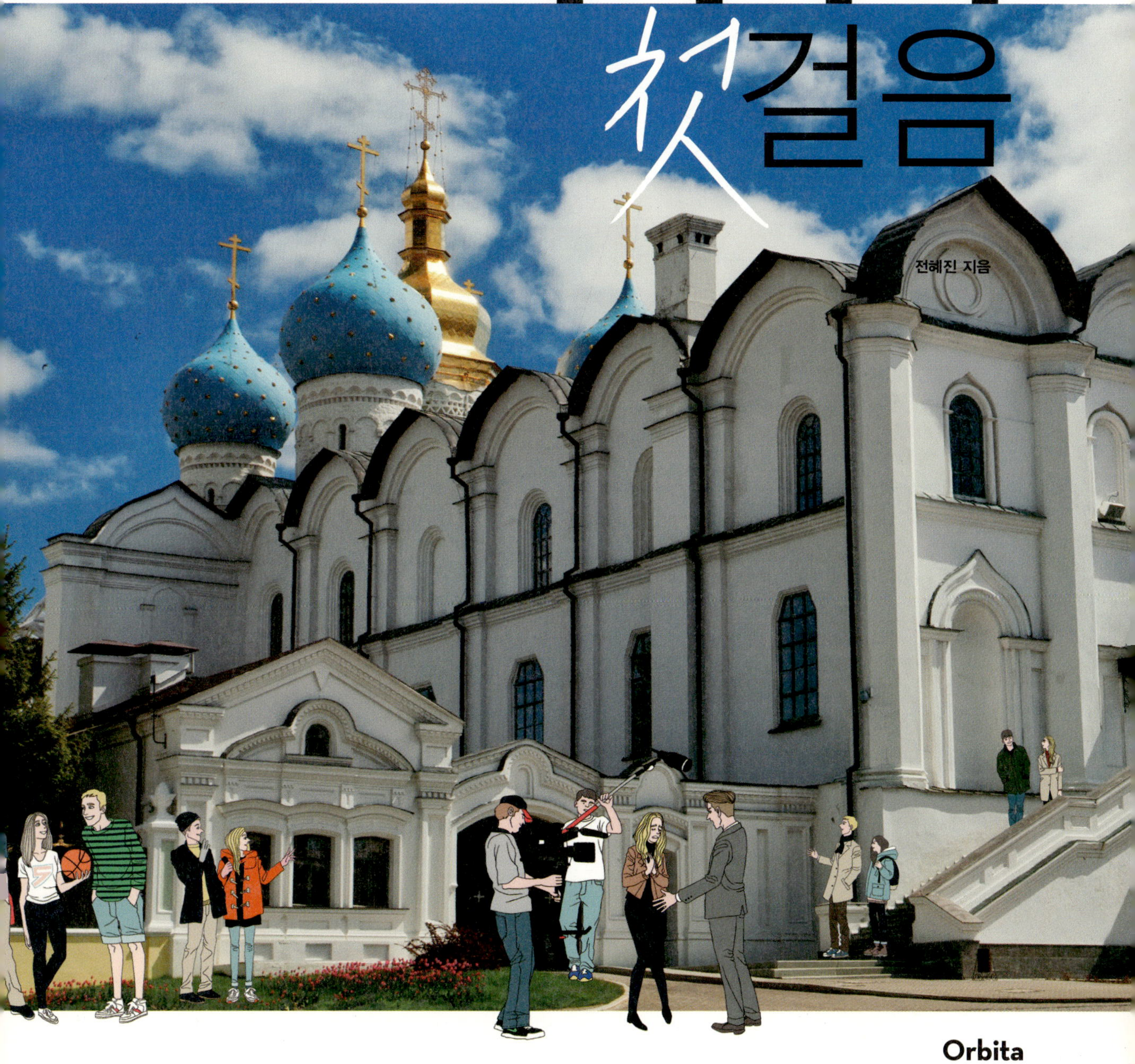

전혜진 지음

Orbita

머 리 말

"러시아는 머리로 이해할 수 없으며, 자로 잴 수도 없다. 러시아는 그저 가슴으로 느낄 수 있을 뿐이다." 러시아 시인 추체프의 표현처럼 광활한 대지 위에 아시아와 유럽을 동시에 껴안고 있는 지리적 특성, 유럽과 아시아 문화의 공존, 기독교 정교와 이교도 전통이 결합된 이중성 그리고 러시아 사람들이 만들어낸 독창적인 러시아 문화와 언어는 더욱 더 신비롭고 아름다운 향기를 뿜어내고 있습니다. 러시아어는 러시아의 역사와 전통, 러시아 문화와 러시아 사람들의 삶을 고스란히 반영하고 있는 러시아의 얼굴입니다.

많은 사람들이 러시아를 알고 싶어하고 러시아 문화에 애정과 관심을 갖고 있습니다. 그러나 러시아어라는 언어장벽이 러시아로 가는 길을 막을 때가 종종 있었습니다. 《만만한 세계도전, 러시아어 첫걸음》은 러시아어가 배우기 힘들고 어렵다고 생각했던 사람들, 그리고 배우고 싶었으나 기회가 없었던 사람들이 편안하고 즐겁게 러시아어를 배울 수 있는 징검다리 역할을 해줄 것입니다.

이 책은 생활에 필수적인 살아있는 러시아어 회화를 소개하여 상황과 주제에 따라 자신의 생각을 자유롭게 표현할 수 있는 커뮤니케이션 능력을 배양하고, 더 나아가 러시아 문화와 소통할 수 있는 문화간 커뮤니케이션 능력을 배양하는 것을 목표로 합니다. 인사, 일과, 직업, 쇼핑, 날씨, 건강, 식사, 취미 생활, 스포츠, 인터넷 등의 20가지 상황별 다양한 주제의 회화를 총망라하는 〈대화 시작하기〉에서부터 회화를 위해 필요한 기초 단어를 소개하고, 해당 과에서 꼭 숙지해야 할 세 가지 포인트를 강조하는 〈만세 포인트〉, 의사소통을 목적으로 풍부한 예문과 함께 쉽게 문법을 설명하는 〈문법 따라잡기〉와 러시아 말을 풍성하고 맛깔 나게 살려줄 〈생생한 만세 표현〉, 〈생생한 만세 단어〉 코너를 마련하고 있습니다. 또한 〈러시아를 알면 러시아어가 보인다〉 코너를 통하여 러시아와 러시아어를 가슴으로 느낄 수 있습니다.

《만만한 세계도전, 러시아어 첫걸음》은 러시아의 역동적인 모습을 생생하게 담은 시각적 자료와 격이 다른 동영상 강의와 함께 러시아어 회화와 문법을 한번에 정복하고, 러시아어에 대한 두려움을 설렘으로 바뀌게 하는 마법과 같은 학습서가 될 것입니다. 이 책이 여러분의 러시아를 향한 꿈과 도전의 여정에 함께 하길 바랍니다.

2017년 3월

전혜진

머리말 ㅣ 4   이 책의 구성 및 활용 ㅣ 8   **ПРОЛОГ** : 러시아어를 공부하기 전에 ㅣ 10

УРОК 1   Привет, друг! 안녕, 친구야! ㅣ 22
생생한 만세 표현 : 안부 & 인사   생생한 만세 단어 : 안부 & 인사
러시아를 알면 러시아어가 보인다 : 러시아인

УРОК 2   Мне очень нравится Москва. ㅣ 36
모스크바가 정말 마음에 들어요.
생생한 만세 표현 : 도시 & 나라   생생한 만세 단어 : 관광   러시아를 알면 러시아어가 보인다 : 건축

УРОК 3   У меня нет брата и сестры. ㅣ 50
난 형제가 없어.
생생한 만세 표현 : 가족 구성원   생생한 만세 단어 : 가족 구성원   러시아를 알면 러시아어가 보인다 : 러시아 사회

УРОК 4   Что ты делаешь? ㅣ 62
뭐 하고 있니?
생생한 만세 표현 : 하루일과   생생한 만세 단어 : 취미 & 여가   러시아를 알면 러시아어가 보인다 : 여가 시간

УРОК 5   Я люблю музыку. 난 음악을 좋아해. ㅣ 76
생생한 만세 표현 : 좋아하는 것   생생한 만세 단어 : 좋아하는 것
러시아를 알면 러시아어가 보인다 : 모스크바 명소

УРОК 6   Какая сегодня погода? 오늘 날씨 어때? ㅣ 88
생생한 만세 표현 : 날씨 & 계절   생생한 만세 단어 : 날씨 & 계절
러시아를 알면 러시아어가 보인다 : 날씨

УРОК 7   Она работает в университете. ㅣ 102
그녀는 대학교에서 일해.
생생한 만세 표현 : 장소   생생한 만세 단어 : 장소   러시아를 알면 러시아어가 보인다 : 교육

УРОК 8   Кем ты хочешь стать? ㅣ 116
너는 뭐가 되고 싶니?
생생한 만세 표현 : 꿈 & 희망사항   생생한 만세 단어 : 직업
러시아를 알면 러시아어가 보인다 : 직업

УРОК 9   Куда ты идёшь? ㅣ 128
어디 가니?
생생한 만세 표현 : 행선지   생생한 만세 단어 : 이동
러시아를 알면 러시아어가 보인다 : 국립박물관

УРОК 10   Я езжу на работу на автобусе. ㅣ 142
저는 버스로 출퇴근 합니다.
생생한 만세 표현 : 교통수단   생생한 만세 단어 : 여행 & 공항
러시아를 알면 러시아어가 보인다 : 모스크바의 지하철

УРОК 11 — **Что ты делал в субботу?** | 154
너 토요일에 뭐했니?
생생한 만세 표현 : 관심 분야　생생한 만세 단어 : 관심 분야　러시아를 알면 러시아어가 보인다 : 명절 (1)

УРОК 12 — **Мне скучно читать.** 난 책 읽는 것 따분해. | 166
생생한 만세 표현 : 행위 완료 & 술어 부사　생생한 만세 단어 : 연극 & 공연
러시아를 알면 러시아어가 보인다 : 명절 (2)

УРОК 13 — **Работа близко от твоего дома?** | 180
직장이 집에서 가깝니?
생생한 만세 표현 : 일과　생생한 만세 단어 : 숫자　러시아를 알면 러시아어가 보인다 : 모스크바 관광

УРОК 14 — **Вам это очень идёт.** 아주 잘 어울려요. | 194
생생한 만세 표현 : 쇼핑　생생한 만세 단어 : 상점
러시아를 알면 러시아어가 보인다 : 일상

УРОК 15 — **Что ты будешь делать в субботу?** | 208
너 토요일에 뭐 할 거니?
생생한 만세 표현 : 계획　생생한 만세 단어 : 달 & 요일　러시아를 알면 러시아어가 보인다 : 여행

УРОК 16 — **Давай пойдём вместе со мной, поплаваем в бассейне.** | 222
나와 함께 수영장 가서 수영하자.
생생한 만세 표현 : 스포츠　생생한 만세 단어 : 스포츠　러시아를 알면 러시아어가 보인다 : 스포츠

УРОК 17 — **Здоровье – это самое важное в жизни.** | 236
인생에서 제일 중요한 것은 건강입니다.
생생한 만세 표현 : 증상 & 조언　생생한 만세 단어 : 증상 & 통증
러시아를 알면 러시아어가 보인다 : 사우나

УРОК 18 — **На второе что вы хотите?** 메인요리로 무엇을 드시겠습니까? | 252
생생한 만세 표현 : 요리 주문　생생한 만세 단어 : 음식　러시아를 알면 러시아어가 보인다 : 요리

УРОК 19 — **Москва была основана в 12-м веке?** | 266
모스크바가 12세기에 세워졌다며?
생생한 만세 표현 : 도시　생생한 만세 단어 : 경축일
러시아를 알면 러시아어가 보인다 : 모스크바 역사

УРОК 20 — **Интернет развивается очень быстрыми темпами.** 인터넷은 굉장히 빠른 속도로 발전하고 있어. | 278
생생한 만세 표현 : 이메일 & SNS　생생한 만세 단어 : 인터넷　러시아를 알면 러시아어가 보인다 : 인터넷

러시아어 첫걸음 문법 편람 | 290
ОТВЕТЫ : 러시아어 첫걸음 해답편 | 302
РАСКРАШИВАНИЕ : 일러스트 컬러링 | 314

시작하기(준비)

알파벳과 발음 익히기로 러시아어의 특징을 미리 알아봅니다. 유창한 원어민과의 대화도 알파벳부터 시작되는 꾸준한 발음 연습이 비결입니다. 반복학습을 통해 기초를 단단히 다지세요.

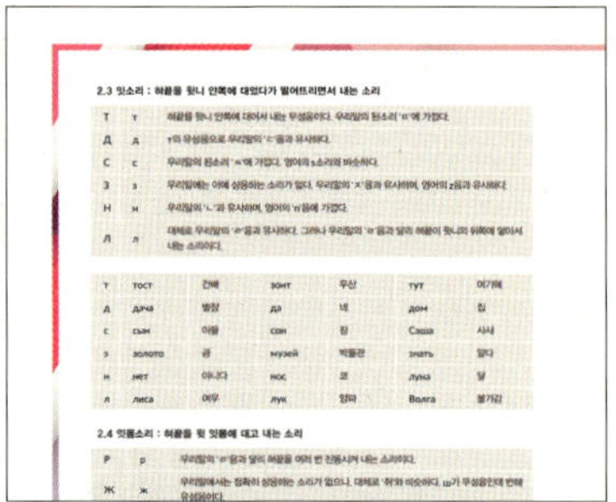

20개의 챕터 소개

해당 과마다 학습하는 대표 회화 표현과 문법을 소개합니다.

대화 시작하기

러시아인들이 자주 사용하는 쉬운 문장으로 회화를 배웁니다. 10과까지는 한국어 독음이 모두 기재되어 있습니다. 하지만 러시아어는 한국어로 정확한 발음을 표현할 수 없기 때문에 원어민 음성으로 먼저 듣고 학습해야 청취와 발음이 좋아집니다. 발음이 익숙해지면 11과부터 러시아어 문장만 보면서 읽을 수 있는지를 점검하며 공부합니다.

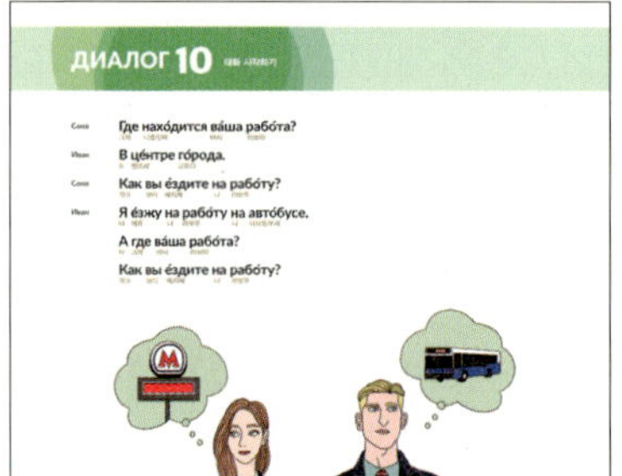

단어

회화에 나오는 새로운 단어를 소개합니다. 다양하고 깊이있는 회화 표현을 위하여, 문장을 통암기하면서 단어를 익힙니다.

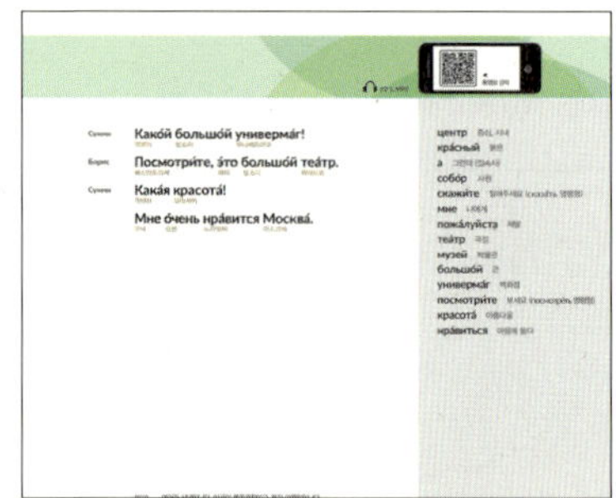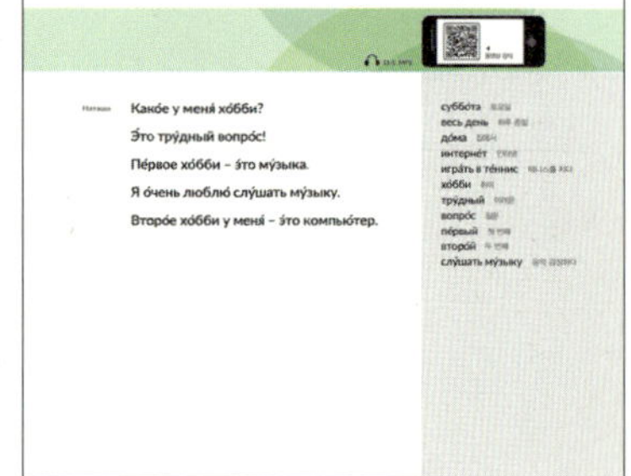

만세 포인트

해당 과에서 꼭 알아두어야하는 3가지 핵심 문장을 간단, 명확하게 응용 구문과 더불어 설명합니다. 각 과의 〈만세 포인트〉는 러시아 현지에서 아주 유용하니 억양과 함께 암기합니다.

문법 따라잡기

앞 부분에서 학습한 상황별 기본 회화와 〈만세 포인트〉에 대한 문법을 풍부한 추가 예문과 함께 살펴봅니다. 〈대화 시작하기〉 부분과 연계하여 문법 학습을 진행하는 동시에 동영상 강의를 통한 풍부한 해설로 차근차근 학습해 보세요. 문법 실력을 잘 쌓으면 특히 러시아 시험과 유학, 면접을 준비하는 데 큰 도움이 됩니다.

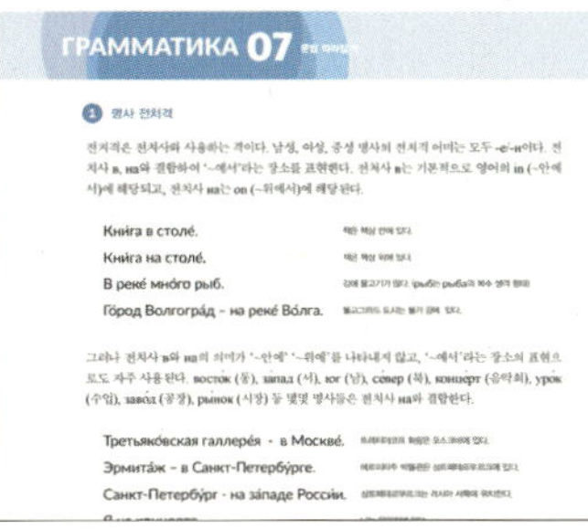
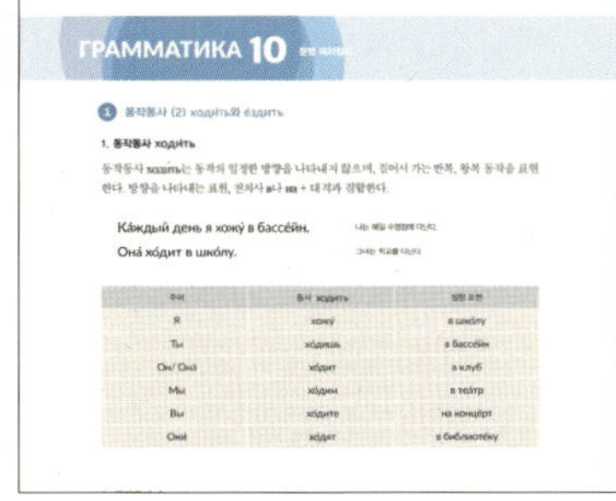

연습문제

각 과에서 학습했던 내용을 이해하고 암기했는지 확인해 봅니다. 틀린 내용은 〈대화 시작하기〉와 〈문법 따라잡기〉에서 꼭 다시 확인하세요.

읽기 쓰기 말하기 문법 듣기

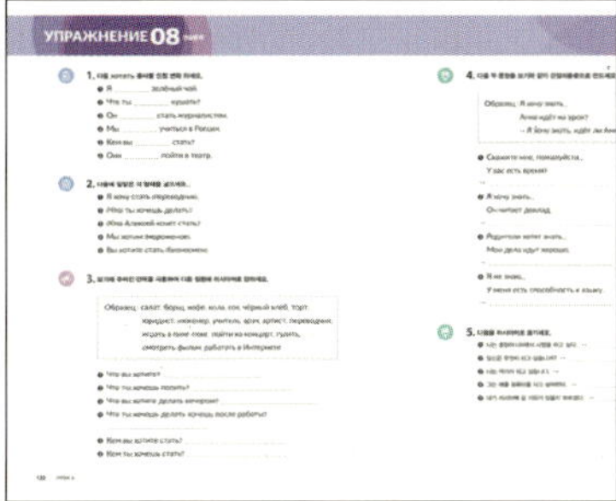
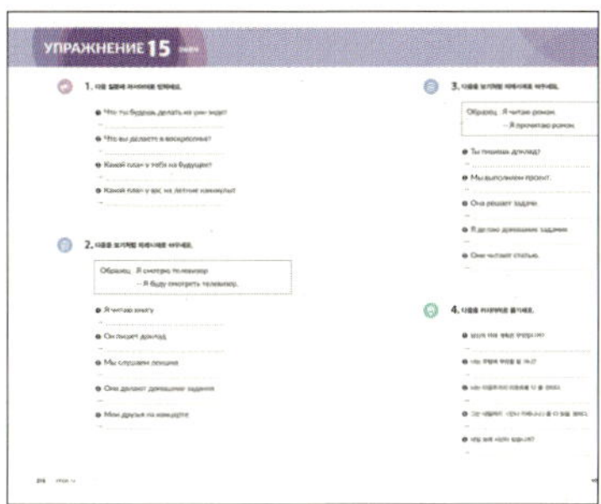

생생한 만세 표현

앞서 학습한 대화 내용에서 좀 더 심화된 응용 표현을 모아 두었습니다. 실생활 활용도 200%인 문장들이니 꼭 외워두세요.

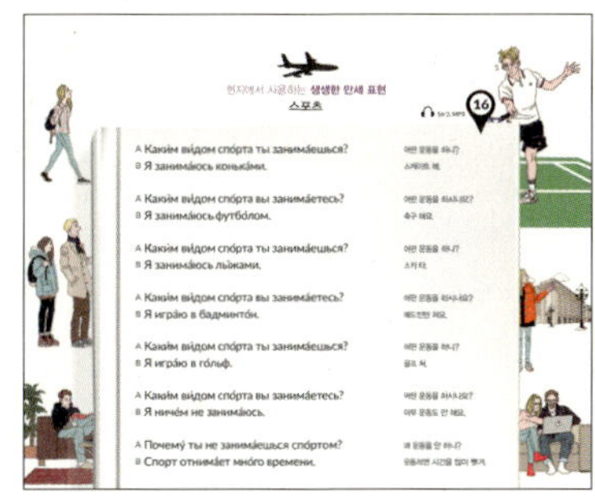

생생한 만세 단어

주제별로 선별한 단어입니다. 회화 표현의 확장과 심도 있는 회화를 위해 암기하도록 노력합니다. 우선은 여러분의 개인 상황에 맞는 직업, 전공, 취미, 계획 등의 단어를 먼저 암기하시면 좋습니다.

러시아를 알면 러시아어가 보인다

외국어를 공부하는 것은, 다른 삶의 시작입니다. 러시아어에는 러시아인들만의 감정, 예절, 관습, 철학, 사상이 존재합니다. 그래서 외국어를 공부하는 것은 여행을 하는 것이지요. 러시아 문화를 알면 러시아인의 마음에 닿는 러시아어를 할 수 있습니다.

PHOTO Pavel L Photo and Video / Shutterstock.com

러시아어를 공부하기 전에

러시아어 알파벳

인쇄체 대문자	인쇄체 소문자	필기체	발음	한글음
А	а	*А а*	а	아
Б	б	*Б б*	бэ	베
В	в	*В в*	вэ	붸
Г	г	*Г г*	гэ	게
Д	д	*Д д*	дэ	데
Е	е	*Е е*	йэ	예
Ё	ё	*Ё ё*	йо	요
Ж	ж	*Ж ж*	же	제
З	з	*З з*	зэ	제
И	и	*И и*	и	이
Й	й	*Й й*	и краткое	이
К	к	*К к*	ка	까
Л	л	*Л л*	эл	엘
М	м	*М м*	эм	엠
Н	н	*Н н*	эн	엔
О	о	*О о*	о	오

인쇄체 대문자	인쇄체 소문자	필기체	발음	한글음
П	п	*П п*	пэ	뻬
Р	р	*Р р*	эр	에르
С	с	*С с*	эс	에쓰
Т	т	*Т т*	тэ	떼
У	у	*У у*	у	우
Ф	ф	*Ф ф*	эф	에프
Х	х	*Х х*	ха	하
Ц	ц	*Ц ц*	цэ	쩨
Ч	ч	*Ч ч*	че	체
Ш	ш	*Ш ш*	ша	샤
Щ	щ	*Щ щ*	ща	시챠
Ъ	ъ	*Ъ ъ*	твёрдый знак	–
Ы	ы	*Ы ы*	ы	의
Ь	ь	*Ь ь*	мягкий знак	–
Э	э	*Э э*	э	에
Ю	ю	*Ю ю*	йу	유
Я	я	*Я я*	йа	야

러시아어 발음

1. 러시아어의 모음

러시아어의 모음을 표시하는 철자는 모두 10개가 있다. 그중 경자음을 표시하는 철자 5개와 연자음을 표시하는 철자 5개가 있다.

1.1 앞에 오는 자음이 경자음임을 나타내는 경자음 표시 모음은 다음과 같다.

А	а	우리말의 '아'음과 비슷하다. 하지만 우리말 '아'음 보다 긴장 정도가 더 강하다.
Э	э	우리말의 '에'음과 유사하다. 러시아어의 'э'음은 혀끝을 아랫니에 대고 혀의 중간 부분을 경구개를 향해 들어올리며, 혀를 옆니에 밀착시켜서 내는 소리이다.
Ы	ы	우리말에 '의'음과 유사하다. 이 모음을 정확히 발음하기 위해서는 혀를 뒤로 끌어당기면서 입천장 쪽으로 높이 들어 올리고, 입을 옆으로 벌려 강하게 긴장시키면서 발음해야 한다.
О	о	우리말 '오'음과 유사하다. 이 모음을 정확하게 발음하려면, 혀끝을 아랫니 쪽으로 내리고, 혀 뒷 부분을 연구개를 향해 들어올린 후에 입술을 아래로 내밀어 둥그렇게 해야 한다.
У	у	우리말 '우'음과 비슷하다. 우리말 '우'음에 비해 발음할 때 더 원순성이 강하며, 입을 벌릴 때 더 긴장해야 한다.

а	мать	어머니	парк	공원
э	это	이것은	экономика	경제
ы	сын	아들	сыр	치즈
о	дом	집	ось	축
у	ум	지혜	уксус	식초

1.2 앞에 오는 자음이 연자음임을 나타내는 연자음 표시 모음은 다음과 같다.

Я	я	우리말의 '야'음과 유사하다. 'и'음과 'а'음이 결합된 복모음으로 [й+а]로 발음한다.
Е	е	우리말의 '예'음과 비슷하다. 'и'음과 'э'음이 결합된 복모음으로 [й+э]로 발음한다. 이 모음을 발음할 때는 혀의 뒷부분을 들어 올려야 한다.
И	и	우리말의 '이'음과 비슷하다. 이 모음을 정확히 발음하기 위해서는 혀를 입천장 쪽으로 가깝게 끌어당겨야 한다.
Ё	ё	우리말의 '요'음과 비슷하다. 'и'음과 'о'음이 결합된 복모음으로 [й+о]로 발음한다. 이 모음은 항상 강세가 있는 음절에서만 나타나므로 강세표시를 별도로 하지 않는다.
Ю	ю	우리말의 '유'음과 비슷하다. 'и'음과 'у'음이 결합된 복모음으로 [й+у]로 발음한다.

я	няня	유모	дядя	숙부
е	перо	펜	день	낮
и	книга	책	пить	마시다
ё	мёд	꿀	тётя	숙모
ю	ключ	열쇠	любить	사랑하다

2. 러시아어의 자음

러시아어의 자음은 모두 21개이다. 유성음과 무성음 그리고 소리나는 위치에 따라 다음과 같이 분류할 수 있다.

| 유성 자음 | б | в | г | - | д | з | - | ж | - | - | л | м | н | р | й |
| 무성 자음 | п | ф | к | х | т | с | щ | ш | ч | ц | - | - | - | - | - |

2.1 두입술소리 : 두 입술로 공기의 흐름을 막았다가 열면서 내는 소리

П	п	우리말의 된소리 'ㅃ'에 가까운 무성음이다.
Б	б	우리말의 'ㅂ'음과 유사한 유성음이다.
М	м	두 입술 사이에서 나는 양순음으로, 우리말 'ㅁ'과 비슷하다.

п	парк	공원	потом	다음에	папа	아빠
б	брат	형제	бабочка	나비	бабушка	할머니
м	мама	엄마	март	3월	Москва	모스크바

2.2 이-입술소리 : 아랫입술을 윗니에 대었다가 떨어뜨리면서 내는 소리

| В | в | 아랫입술을 윗니에 살짝 대었다가 떨어뜨리면서 내는 소리이다.
우리말에는 동일한 음가가 없으며, 영어의 'v'와 유사하다. |
| Ф | ф | в의 무성음이다. 우리말에는 이에 상응하는 자음이 없으며, 영어의 'f'와 유사하다. |

| в | вода | 물 | восток | 동쪽 | ваш | 당신의 |
| ф | факт | 사실 | файл | 파일 | флейта | 플룻 |

2.3 잇소리 : 혀끝을 윗니 안쪽에 대었다가 떨어뜨리면서 내는 소리

Т	т	혀끝을 윗니 안쪽에 대어서 내는 무성음이다. 우리말의 된소리 'ㄸ'에 가깝다.
Д	д	т의 유성음으로 우리말의 'ㄷ'음과 유사하다.
С	с	우리말의 된소리 'ㅆ'에 가깝다. 영어의 s소리와 비슷하다.
З	з	우리말에는 이에 상응하는 소리가 없다. 우리말의 'ㅈ'음과 유사하며, 영어의 z음과 유사하다.
Н	н	우리말의 'ㄴ'과 유사하며, 영어의 'n'음에 가깝다.
Л	л	대체로 우리말의 'ㄹ'음과 유사하다. 그러나 우리말의 'ㄹ'음과 달리 혀끝이 윗니의 뒤쪽에 닿아서 내는 소리이다.

т	тост	건배	зонт	우산	тут	여기에
д	дача	별장	да	네	дом	집
с	сын	아들	сон	잠	Саша	사샤
з	золото	금	музей	박물관	знать	알다
н	нет	아니다	нос	코	луна	달
л	лиса	여우	лук	양파	Волга	볼가강

2.4 잇몸소리 : 혀끝을 윗 잇몸에 대고 내는 소리

Р	р	우리말의 'ㄹ'음과 달리 혀끝을 여러 번 진동시켜 내는 소리이다.
Ж	ж	우리말에서는 정확히 상응하는 소리가 없으나, 대체로 '쥐'와 비슷하다. ш가 무성음인데 반해 유성음이다.
Ш	ш	혀끝을 경구개를 향해 들어올려서 혀와 잇몸 사이의 작은 틈을 통해 내는 소리이다. 우리말의 '쉬'에 가깝다.
Ц	ц	우리말에 상응하는 자음이 없다. 'ㅉ'음과 약간 유사하다.

р	рис	쌀	Россия	러시아	робот	로보트
ж	жена	아내	журнал	잡지	тоже	또한
ш	шарик	풍선	школа	학교	Наташа	나타샤
ц	центр	중심	цена	가격	станция	정거장

2.5 센 입천장 소리 : 혓몸 앞부분을 센입천장(경구개)에 대었다가 떼면서 내는 소리

Ч	ч	우리말의 'ㅊ'음과 유사하다. 러시아어의 ч음은 우리말과는 달리 기음을 수반하지 않는다. 이 자음은 항상 연자음이다.
Щ	щ	이 자음에 상응하는 문자가 우리말에는 없다. 대체로 우리말의 '쉬'음에 가깝다.
Й	й	우리말의 '이'음과 거의 비슷하다. 하지만 и음보다 훨씬 짧게 발음해야한다. 이 자음은 자음 뒤에는 절대로 오지 않으며, 항상 모음과 결합하여 이중모음을 형성한다.

ч	чай	차	час	시간	чёрный	검은
щ	щи	야채 수프	площадь	광장	щека	뺨
й	мой	나의	герой	영웅	май	5월

2.6 여린 입 천장 소리 : 혀의 뿌리 부분을 여린 입천장(연구개)에 대었다가 떼면서 내는 소리

К	к	영어의 'k'음과 유사하지만, 기음을 수반하지 않는다. 우리말의 된소리 'ㄲ'에 가깝다.
Г	г	연구개음으로 우리말의 'ㄱ'음과 유사하다. к가 무성음인데 비해, г은 유성음이다.
Х	х	혀의 뒷부분과 연구개 사이의 좁은 통로를 통해서 공기를 유출시켜 내는 소리이다. 우리말의 'ㅎ'음을 발음할 때보다 뒷부분을 구개에 더 접근시켜 강하게 발음한다.

к	кто	누가	кот	고양이	как	어떻게
г	газета	신문	город	도시	голос	목소리
х	хорошо	좋다	ухо	귀	холодно	춥다

실제 음가를 갖지는 못하고, 발음할 때 다른 철자의 음가(경자음 또는 연자음)를 결정하는 보조 역할을 한다.

경음부호 **ъ** : 단어 중간에 위치하여 앞부분과 뒷부분의 경계 역할을 하며, 발음할 때 부호가 있는 앞부분과 뒤부분을 서로 떼어서 발음함으로써 연자음 표시 모음 앞에 있는 자음의 연음화를 막아준다.

съесть	다먹다
отъе́зд	출발
объе́кт	내상

연음부호 **ь** : 앞에 나오는 자음이 연자음임을 나타낸다.

мать	어머니
дочь	딸
то́лько	단지

러시아어 발음 규칙

1. 모음의 발음 규칙

1.1 강세가 있는 모음의 발음

러시아어의 모음은 강세를 가질 때만 제 음가를 그대로 나타낸다. 강세를 가진 모음은 강세가 없는 다른 모음 보다 상대적으로 더 길고 또렷하게 발음된다.

a	ча́сто	자주	луна́	달
o	о́сень	가을	перо́	펜
e	де́ло	일	день	낮
я	статья́	기사	моя́	나의 (소유 대명사 여성형)
и	сто́ит	서있다	мой	나의 (소유대명사 복수형)
у	пу́сто	비어있다	иду́	가다 (현재 1인칭 단수)

1.2 모음 약화

모음이 강세를 갖지 않을 때는 본래의 음가를 발휘하지 못하고 약화된다. 강세가 없는 모음은 강세를 가진 모음보다 더 짧고 약하게 발음된다.

1.3 모음 a, o의 약화

강세가 없는 a, o는 [ʌ] 또는 [ə]로 발음된다. 강세 앞의 음절, 또는 어두의 첫 음절에서는 [ʌ]로 발음된다.

сама́	자신
пальто́	외투
она́	그녀
окно́	창문
Москва́	모스크바

강세가 없는 기타 다른 음절에서는 [ə]로 발음된다.

молоко́	우유
опа́сно	위험하다
потому́	왜냐하면
па́па	아빠

1.4 모음 е, я의 약화

강세를 갖지 않는 е, я는 대부분 [ji]로 발음되고, 일부 어미에서는 [jə]로 발음되기도 한다.

весна́	봄
теа́тр	극장
язы́к	언어
яйцо́	계란
мо́ре	바다
зда́ние	건물
тётя	숙모
ба́шня	탑

1.5 모음 и, y의 약화

강세를 갖지 않는 и, y는 본래의 음가를 유지하면서 상대적으로 짧게 발음된다.

ба́бушка	할머니
кни́ги	책들

러시아어는 유/무성음 동화 현상을 일으키며, 항상 역행 동화한다.

2.1 유성음화 : 유성 자음 앞의 무성자음은 유성자음으로 동화된다.

также	또한
отдых	휴식
вас зовут	당신을 부르다

2.2 무성음화 : 무성자음 앞이나, 어말에 위치한 유성자음은 무성자음으로 동화된다.

автобус	버스
из сада	정원으로부터
под столом	책상 아래
водка	보드카
бабка	노파
год	일 년
зуб	이
юг	남쪽
глаз	눈

2.3 향음(л, м, н, р)은 다른 자음들에 어떤 영향도 미치지 않고 또 자신도 동화되지 않는다. 마찰음 в는 자신은 무성음화되지만, 다른 자음을 유성음화시키지 않는다.

Привет, друг!
안녕, 친구야!

УРОК 1

- 명사의 성과 주격
- 형용사의 주격 변화
- 지시대명사 это
- 소유대명사 мой / моя / моё
- 인칭대명사
- 의문대명사 кто

Анна	**Приве́т! До́брое у́тро.** 쁘리베트　도브로에　우뜨로
Пётр	**До́брое у́тро.** 도브로에　우뜨로
Анна	**Кто ты?** 끄또　뜨이
Пётр	**Я Пётр. Как тебя́ зову́т?** 야　뾰뜨르　까그　찌뱌　자부트
Анна	**Меня́ зову́т А́нна.** 미냐　자부트　안나
Пётр	**А кто э́то?** 아　끄또　에따

만세
포인트

---

1 좋은 아침. **До́брое у́тро.**

До́брый는 '좋은'을 의미하는 형용사로 뒤에 오는 명사가 남성이냐, 여성이냐, 중성이냐에 따라 남성형 до́брый, 여성형 до́брая, 중성형 до́брое가 사용된다. 아침, 점심, 저녁에 따라 인사법이 달라진다. До́брое у́тро(좋은 아침), До́брый день(좋은 하루), До́брый ве́чер(좋은 저녁)와 같이 말하며, 때에 상관없이 할 수 있는 인사로는 Здра́вствуйте, Здра́вствуй, Приве́т 등이 있다.

2 너는 누구니? **Кто ты?**

Кто는 '누구'를 의미하는 의문사로 동사 술어를 사용하지 않고 바로 주어와 결합한다.

Кто ты? 너는 누구니?　　**Кто вы?** 당신은 누구죠?
Кто он? 그는 누구죠?　　**Кто она́?** 그녀는 누구죠?
Кто они́? 그들은 누구죠?

Анна	**Э́то Еле́на. Э́то моя́ подру́га.** 에따　엘레나　에따　마야　빠드루가
Пётр	**О́чень прия́тно.** 오첸　쁘리야뜨노
Анна	**О́чень прия́тно.** 오첸　쁘리야뜨노
Елена	**О́чень прия́тно.** 오첸　쁘리야뜨노

до́брый 좋은
приве́т 안녕
До́брое у́тро 좋은 아침
кто 누구
как 어떻게
звать 부르다
э́то 이것은, 이 사람은
друг 친구
подру́га 여자친구
мой 나의
о́чень 매우
прия́тно 기쁘다

안나	안녕! 좋은 아침[1]이야.
표트르	좋은 아침.
안나	넌 누구니?[2]
표트르	난 표트르야. 네 이름은 뭐니?
안나	난 안나야.
표트르	그런데 저 여자분은 누구지?
안나	엘레나야. 내 친구지.
표트르	반가워.[3]
안나	반가워.
엘레나	반가워.

3 (만나서) 반가워.
О́чень прия́тно (познако́миться).

처음 만났을 때 반가움을 표현하는 인사로 남녀노소 누구나 사용 가능하다. 뒤에 동사 познако́миться(알게 되다), встре́титься(만나다)와 함께 사용할 수도 있다. 또는 화자가 남성일 경우 О́чень рад, 여성일 경우 О́чень ра́да를 사용하기도 한다.

1 명사의 성과 주격

러시아어 명사도 프랑스어나 독일어처럼 성(性)이 있으며, 남성, 여성, 중성 명사로 나뉜다. 명사의 성은 사람을 의미하는 경우에는 자연의 성과 일치한다. 예를 들어, студе́нт(남자 대학생), оте́ц(아버지)는 남성명사이고, студе́нтка(여자 대학생), мать(어머니)는 여성명사이다.

그러나 모든 명사가 자연의 성과 일치하지 않으며, 명사 어미가 무엇으로 끝나느냐에 따라 명사의 성이 결정된다. 자음으로 끝나면 남성명사, -a나 -я로 끝나면 여성명사, -o나 -e로 끝나면 중성명사이다. 그리고 이 형태가 주격을 나타낸다. 주격은 우리말의 '-는/-은/-이/-가'에 해당되며, 행위, 상태의 주체를 표현할 때 사용된다.

남성명사	стол(책상), дом(집), компью́тер(컴퓨터), интерне́т(인터넷)
여성명사	му́зыка(음악), кни́га(책), подру́га(여자친구), тётя(숙모)
중성명사	окно́(창문), письмо́(편지), мо́ре(바다)

남성명사 주격	여성명사 주격	중성명사 주격
друг	му́зыка	окно́
студе́нт	студе́нтка	письмо́
оте́ц	кни́га	перо́
дом	тётя	мо́ре
-	-а/-я	-о/-е

명사를 수식하는 형용사는 명사의 성에 따라 남성형용사, 여성형용사, 중성형용사를 사용한다.

남성 형용사 주격	여성 형용사 주격	중성 형용사 주격
до́брый друг (좋은 친구)	до́брая студе́нтка (좋은 여대생)	до́брое у́тро (좋은 아침)
краси́вый дом (아름다운 집)	краси́вая му́зыка (아름다운 음악)	краси́вое мо́ре (아름다운 바다)
хоро́ший студе́нт (좋은 학생)	хоро́шая пого́да (좋은 날씨)	хоро́шее зда́ние (좋은 건물)
но́вый го́род (새로운 도시)	но́вая маши́на (새로운 자동차)	но́вое перо́ (새로운 펜)
-ый	-ая	-ое

3 지시대명사 это

지시대명사 **это**는 '이것은, 이 사람은'을 의미하며, 사물과 사람을 지칭하는 데 사용한다.

Э́то Москва́.	이것은 모스크바이다.
Э́то Сеу́л.	이것은 서울이다.
Э́то дом.	이것은 집이다.
Э́то компью́тер.	이것은 컴퓨터다.
Э́то телеви́зор.	이것은 텔레비전이다.
Э́то моби́льный телефо́н.	이것은 휴대폰이다.
Э́то кни́га.	이것은 책이다.
Э́то маши́на.	이것은 자동차이다.
Э́то ку́хня.	이것은 부엌이다.
Э́то ба́ня.	이것은 목욕탕이다.
Э́то мо́ре.	이것은 바다이다.

Это зда́ние.

이것은 건물이다.

Это перо́.

이것은 펜이다.

Это метро́.

이것은 지하철이다.

Это Анто́н.

이 사람은 안톤이다.

Это студе́нтка.

이 사람은 여대생이다.

Это мой оте́ц.

이 분은 나의 아버지이시다.

Это мой друг.

이 사람은 내 친구이다.

Это моя́ мать.

이 분은 나의 어머니이시다.

4 소유대명사 мой / моя / моё

소유대명사도 뒤에 오는 명사의 성, 수, 격에 따라 변한다. 예를 들어, '나의 집, 나의 책, 나의 펜'이라 할 때, дом이 남성명사이므로 мой дом이라고 한다. '나의 책'이라고 할 때는 кни́га가 여성명사이므로 моя́ кни́га라고 한다. '나의 펜'이라고 할 때는 перо́가 중성명사이므로 моё перо́라고 한다. '너의'를 나타내는 소유대명사 твой, ваш(당신의)도 мой, моя, моё처럼 뒤에 오는 명사의 성, 수, 격에 따라 변화한다.

мой / твой / ваш	моя / твоя / ваша	моё / твоё / ваше
дом друг	кни́га ко́мната	перо́ здоро́вье

1인칭 단수(나는)	я	1인칭 복수(우리는)	мы
2인칭 단수(너는)	ты	2인칭 복수(너희들은)	вы
3인칭 단수(그는/그녀는)	он / она́	3인칭 복수(그들은)	они́

ты는 친밀한 사이에 사용한다. 부부, 부모자식, 형제, 친구 사이 등에는 ты를 사용한다. 따라서 ты는 상황에 따라 '너는'이나 '당신은'으로 번역해야 한다.

Что ты де́лаешь?　너는 뭐하고 있니? (친구 사이)

당신 뭐하고 있어요? (부부 사이)

вы는 2인칭 복수 '너희들'을 나타내기도 하지만, 공식적인 관계에서 '당신'을 지칭한다.

Вы студе́нты?　너희들은 대학생이니?

Вы Ива́н Ивано́в?　당신이 이반 이바노프입니까?

кто는 '누구'를 묻고자 할 때 사용하는 의문대명사이다. 사람에 대해 질문할 때 사용한다.

Кто э́то?　이 사람은 누구인가?

Кто ты?　너는 누구니?

Кто вы?　당신은 누구입니까?

Кто его́ зна́ет?　누가 알겠는가? (아무도 모른다는 뜻)

1. 오전, 오후, 저녁 인사에 어울리는 형용사를 넣으세요.

❶ __________ утро!

❷ __________ день!

❸ __________ вечер!

2. 다음 소유 형용사를 알맞은 형태로 넣으세요.

❶ Это (мой / моя / моё) дом.

❷ Это (твой / твоя / твоё) книга.

❸ Это (ваш / ваша / ваше) компьютер?

❺ Это (наш / наша / наше) машина.

3. 다음 대화를 완성하세요.

❶ A Как вас зовут?

B ____

❷ A Как ваша фамилия?

B ____

❸ A Как здоровье?

B ____

❹ A Как (твои) дела?

B ____

❺ A Кто А.С. Пушкин?

   B ____

❻ A Кто Чайковский?

   B ____

❼ A Кто Юрий Гагарин?

   B ____

❽ A Кто Репин?

   B ____

❾ A Кто президент России?

   B ____

❿ A Кто президент Кореи?

   B ____

4. 다음을 러시아어로 옮기세요.

❶ 안녕하세요!   → ______________________________________

❷ 만나서 반갑습니다.   → ______________________________________

❸ 당신은 누구입니까?   → ______________________________________

❹ 나는 대학생입니다.   → ______________________________________

❺ 안녕히 가세요.   → ______________________________________

A Как вас зову́т?　당신 이름은 무엇입니까?
B Меня́ зову́т Ива́н.　저는 이반입니다.

A Как тебя́ зову́т?　네 이름은 뭐니?
B Меня́ зову́т Ната́ша　내 이름은 나타샤야.

A Как ва́ша фами́лия?　당신 성은 뭡니까?
B Моя́ фами́лия Ивано́в.　제 성은 이바노프입니다.

A Как твоя́ фами́лия?　성이 뭐니?
B Моя́ фами́лия Ивано́ва.　내 성은 이바노바야.

A Как вы живёте?　어떻게 지내십니까?
B Хорошо́, спаси́бо.　잘 지냅니다. 감사합니다.

A Как ты живёшь?　어떻게 지내?
B Отли́чно, спаси́бо.　아주 잘 지내. 고마워.

A Как здоро́вье?　건강은 어떻습니까?
B Хорошо́, спаси́бо.　좋습니다. 감사합니다.

A Как (твои) дела́?　요새 일은 어때요?
B Норма́льно, спаси́бо.　괜찮습니다. 감사합니다.

A До свида́ния.　안녕히 가세요.
B До свида́ния.　안녕히 가세요.

A Пока́.　잘 가.
B Пока́, Ско́ро уви́димся.　잘 가, 곧 만나자.

A До за́втра.　내일 만나.
B До за́втра.　내일 만나.

A Всего́ до́брого.　잘 지내시길.
B Всего́ до́брого.　잘 지내시길.

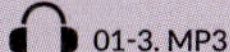

Здра́вствуйте!	안녕하세요!
До́брое у́тро!	좋은 아침!
До́брый день!	좋은 하루!
До́брый ве́чер!	좋은 저녁!
Приве́т!	안녕!
Рад(а) вас(тебя) ви́деть.	뵙게 되어 기쁩니다.
О́чень прия́тно встре́титься с ва́ми(тобо́й). 당신을 만나 무척 기쁩니다.	
Как жизнь?	어떻게 지내니?
Как ва́ше (твоё) здоро́вье?	건강은 어떠세요?

Так себе́.	그저 그렇다.
Всё по-ста́рому.	예전 그대로다.
Ничего́ но́вого.	새로운 일 없다.
Ничего́ осо́бенного.	특별한 일 없다.
Ни хорошо́, ни пло́хо.	좋지도 나쁘지도 않다.
До свида́ния!	안녕히 가세요! (작별인사)
Проща́й(те)!	안녕! (오랫동안 헤어질 때도 사용 가능)
Всего́ хоро́шего!	잘 지내길!
Всего́ до́брого!	잘 지내길!

Как успе́хи?	일은 잘 되고 있어?
Как дела́?	일은 어떠니?
Что но́вого?	새로운 일 있어?
Хорошо́.	좋다.
Непло́хо.	나쁘지 않다.
Прекра́сно.	아주 좋다.
Всё в поря́дке.	모든 게 순조롭다.
Норма́льно́.	정상이다.
Ничего́.	괜찮다.

До встре́чи!	또 만나자!
До ско́рой встре́чи!	곧 만나자!
До за́втра!	내일 보자!
До пра́здника!	명절 때 보자!
Споко́йной но́чи!	안녕히 주무세요 / 잘자!
До́брой но́чи!	안녕히 주무세요 / 잘자!
Счастли́во!	잘 가!
Уви́димся.	또 봅시다.
Мы ещё уви́димся.	또 만납시다.

러시아인

"루스키예 또는 로시야네"
Русские и Россияне

PHOTO Sergey Petrov / Shutterstock.com

러시아는 180개가 넘는 민족으로 이루어진 다민족국가이다. 따라서 '러시아인(Russians)'이라는 말에는 인종적 러시아인(русские)과 러시아 국민(россияне)이라는 두 가지 의미가 있다. 러시아어로 인종적, 민족으로서의 러시아인을 이야기 할 때는 '루스키예(русские)'라는 단어를 쓰며 러시아 민족을 가리킨다. 이 경우 지금 러시아 연방의 전체 인구를 구성하는 다른 민족들은 제외되며, 러시아 내에 거주하지 않고 해외에 거주하는 러시아인들도 포함된다. 반면 러시아 국민을 말할 때는 '로시야네'(россияне)라는 단어를 쓴다. 이 개념은 민족이나 인종과 관계없이 러시아에 거주하면서 러시아 국적을 취득한 사람을 의미한다. 이렇게 한국어로는 '러시아인'이라는 한 단어로 표기할 수밖에 없지만 러시아어로는 민족으로서의 러시아인과 국민으로서의 러시아인을 각각 다른 단어로 구별하여 쓴다.

러시아인들은 문학, 음악, 발레, 회화, 연극 등 다양한 분야에서 탁월한 재능을 보이며, 전 세계적인 명성을 얻었다. 문학에서는 푸시킨을 시작으로 레르몬토프, 투르게네프, 톨스토이, 도스토옙스키, 체호프 등 세계적이라고 이름 붙일 수 있는 작가들이 등장하여 세계 문학 발전에 기여하였다.

지금까지 부닌, 숄로호프, 파스테르나크, 솔제니친, 브로드스키 등 5명의 러시아 작가가 노벨상을 수상하였다. 음악에서는 5인조를 기점으로 발전하기 시작하여 차이콥스키, 무소르그스키, 림스키-코르사코프, 쇼스타코비치, 프로코피예프, 라흐마니노프, 스트라빈스키 등의 작곡가들을 배출하며 세계적인 수준에 도달하였다.

과학기술 분야에서는 원소주기율표를 만든 멘델레예프, 로켓과 우주공학의 아버지인 치올콥스키, 조건반사이론을 확립한 파블로프 등이 있으며, 1961년 유인우주선 보스토크 1호를 타고 인류역사상 최초의 우주비행에 성공한 유리 가가린은 지구에 복귀 후 당시 소련의 국민적 영웅이 되었다.

Мне очень
нравится
Москва.
모스크바가 정말 마음에 들어요.

УРОК
2

- 명사 여격
- 인칭대명사 여격
- 형용사 여격
- 부정문 만들기
- 의문대명사 какой, какая, какое
- 감탄문

Бори
Это центр. Это Кра́сная пло́щадь, а э́то Кремль.
에따 쩬뜨르 에따 끄라스나야 쁠로샤지 아 에따 크렘린

Сунми
А что э́то? Собо́р?
아 쉬또 에따 사보르

Борис
Да, э́то Собо́р Васи́лия Блаже́нного.
다 에따 사보르 바실리야 블라줸노버

Сунми
Скажи́те мне, пожа́луйста. Э́то теа́тр?
스까쥐쩨 므네 빠좔루이스따 에따 씨아뜨르

Борис
Нет, э́то не теа́тр, а музе́й.
니에트 에따 네 찌아뜨르 아 무제이

А э́то ГУМ.
아 에따 굼

1 이것은 무엇이니? Что э́то?

사람이나 동물을 지칭하는 경우에는 의문대명사 кто를 사용하고, 사물을 지칭하는 비활동체 명사의 경우에는 что를 사용하여 질문한다. 지시대명사 э́то는 사람, 동물, 사물을 지칭할 때 모두 사용된다.

Что э́то? 이것은 무엇이니?
Это музе́й. 이것은 박물관이다.
Это теа́тр. 이것은 극장이다.

2 백화점이 정말 크네요! Како́й большо́й универма́г!

감탄문을 만들 때는 의문대명사 како́й, кака́я, како́е를 수식하는 명사의 성, 수, 격에 일치하여 사용한다.

Како́й хоро́ший студе́нт! 정말 훌륭한 대학생이구나!
Кака́я краси́вая де́вушка! 정말 아름다운 아가씨구나!
Како́е широ́кое мо́ре! 바다가 정말 넓구나!

Сунми	## Како́й большо́й универма́г! 깍꼬이　발쑈이　우니베르마크
Борис	## Посмотри́те, э́то большо́й теа́тр. 빠스마뜨리쩨　에따　발쑈이　찌아뜨르
Сунми	## Кака́я красота́! 깍까야　끄라사따
	## Мне о́чень нра́вится Москва́. 므네　오첸　느라빗쨔　마스그바

центр　중심, 시내
кра́сный　붉은
а　그런데 (접속사)
собо́р　사원
скажи́те　말해주세요 (сказа́ть 명령형)
мне　나에게
пожа́луйста　제발
теа́тр　극장
музей　박물관
большо́й　큰
универма́г　백화점
посмотри́те　보세요 (посмотре́ть 명령형)
красота́　아름다움
нра́виться　마음에 들다

보리스	여기가 시내입니다. 이곳이 붉은광장이고, 저건 크렘린입니다.
순미	그런데 이 건물은 무엇인가요? [1] 사원인가요?
보리스	맞습니다, 이건 성 바실리 대성당입니다.
순미	말씀 좀 해주세요. 이것은 극장인가요?
보리스	아닙니다, 이것은 극장이 아니고 박물관입니다. 이것은 국영 백화점입니다.
순미	백화점이 정말 크네요! [2]
보리스	여길 보세요, 이것은 볼쇼이 극장입니다.
순미	정말 아름답군요! 모스크바가 정말 마음에 들어요. [3]

---

3 모스크바가 정말 마음에 들어요.
Мне о́чень нра́вится Москва́.

'마음에 들다'라는 표현을 할 때는 нра́виться 동사를 사용하여 마음에 드는 주체는 여격으로, 마음에 드는 대상은 주격으로 나타낸다.

Како́й го́род тебе́ нра́вится?　너는 어떤 도시가 마음에 드니?
Мне нра́вится Санкт-Перербу́рг.　나는 상트페테르부르크가 마음에 들어.
Мне нра́вится Нью-Йо́рк.　나는 뉴욕이 마음에 들어.

1 명사 여격

여격은 행위가 행해지는 대상이나 인물을 나타내는 간접목적어로 사용되며, 우리말로 '~에게'에 해당된다. 남성, 중성명사는 -у / -ю 여격 형태를 갖고, 여성명사는 -е / -и를 갖는다. 여격은 주로 писа́ть(쓰다), говори́ть(말하다), звони́ть(전화하다)와 같은 동사와 결합한다. '나는 친구에게 전화를 한다'를 러시아어로 말하려면, звони́ть 동사의 1인칭 звоню́를 쓰고, 그 다음에 행위의 대상인 '친구에게'를 여격(дру́гу)을 사용하여 [Я звоню́ дру́гу]라고 표현한다.

Я звоню́ дру́гу.	나는 친구에게 전화한다.
Она́ звони́т сестре́.	그녀는 언니에게 전화한다.
Па́па говори́т бра́ту.	아빠는 형에게 말씀하고 계신다.
Ты ча́сто говори́шь ма́ме по-телефо́ну?	너는 자주 엄마께 전화하니?
Он пи́шет письмо́ дру́гу.	그는 친구에게 편지를 쓴다.
Она́ ча́сто пи́шет письмо́ ба́бушке.	그녀는 자주 할머니께 편지를 쓴다.

	남성	여성	중성
주격	брат	сестра́	окно́
여격	бра́ту -у	сестре́ -е	окну́ -у

2 인칭대명사 여격

인칭대명사 여격은 다음과 같이 변화한다.

인칭대명사 주격	인칭대명사 여격
Я	мне
Ты	тебе́

인칭대명사 주격	인칭대명사 여격
Он / Она	ему́ / ей
Мы	нам
Вы	вам
Они	Им

Скажи́те мне, пожа́луйста.

제게 말씀해 주십시오.

Он ча́сто звони́т мне.

그는 자주 나에게 전화 건다.

Тебе́ нра́вится э́та му́зыка?

너는 이 음악이 마음에 드니?

Что вам нра́вится?

당신은 뭐가 마음에 드나요?

Мне нра́вится этот фильм.

저는 이 영화가 마음에 듭니다.

Я пишу́ ей письмо́.

나는 그녀에게 편지를 쓴다.

Им нра́вится ру́сский чай.

그들은 러시아 차를 좋아한다.

③ 형용사 여격

	남성	여성	중성
형용사 주격	но́вый хоро́ший	но́вая хоро́шая	но́вое хоро́шее
형용사 여격	но́вому хоро́шему -ому(-ему)	но́вой х оро́шей -ой(-ей)	но́вому хоро́шему -ому(-ему)

Я пишу́ письмо́ но́вому дру́гу.

나는 새 친구에게 편지를 쓴다.

Преподава́тель говори́т но́вой студе́нтке.

강사 선생님이 신입 여대생에게 말을 한다.

부정 소사 не는 부정할 단어 앞에 위치한다. 읽을 때는 다음 단어와 끊지 않고 이어서 읽으며,
통상 강세를 갖지 않는다.

Он врач.	그는 의사이다.
Он не врач.	그는 의사가 아니다.
Мне нра́вится Москва́.	나는 모스크바가 마음에 든다.
Мне не нра́вится Москва́.	나는 모스크바가 마음에 들지 않는다.

5 의문대명사

의문대명사 какóй, кака́я, какóе는 '어떤, 무슨'의 뜻을 가지며 뒤에 오는 명사의 성, 수, 격에
일치해야 한다. какóй는 남성명사와, какая는 여성명사와, какóе는 중성명사와 결합한다.

Какóй э́то челове́к?	이 사람은 어떤 사람인가요?
Какая э́та кни́га?	이것은 어떤 책인가요?
Какóе э́то зда́ние?	이것은 무슨 건물인가요?

6 감탄문

감탄문을 만들 때는 의문대명사 какóй, кака́я, какóе를 사용하여 만든다.

Э́то краси́вый гóрод.	이것은 아름다운 도시이다.
Какóй краси́вый гóрод!	얼마나 아름다운 도시인가!

Это интере́сная кни́га.

이것은 재미있는 책이다.

Кака́я интере́сная кни́га!

정말 재미있는 책이구나!

Э́то высо́кое зда́ние.

이것은 높은 건물이다.

Како́е высо́кое зда́ние!

정말 높은 건물이구나!

1. 다음에 알맞은 격 형태를 넣으세요.

❶ Скажите (я), пожалуйста, что это.

❷ Я часто звоню (мама).

❸ (Ты) нравится Москва?

❹ (Мы) нравится русская музыка.

❺ Иван говорит (друг) о Корее.

2. 다음 문장을 감탄문으로 만드세요.

❶ Это красивый город. → _______________________________

❷ Это интересная книга. → _______________________________

❸ Это высокое здание. → _______________________________

❹ Это хороший студент. → _______________________________

3. 다음에 알맞은 의문 대명사를 넣으세요.

❶ А _______________ это?

 В Это Кремль.

❷ А _______________ это?

 В Это наш учитель.

❸ _______________ город вам нравтся?

❹ _______________ музыка тебе нраится?

4. 다음 질문에 긍정과 부정으로 답하세요.

❶ Вам нравится Россия?

❷ Вам нравится Москва?

❸ Тебе нравится русская кухня?

❹ Им нравится корейская музыка?

5. 다음을 러시아어로 말해보세요.

❷ 이것은 볼쇼이 극장입니다.

❸ 너는 러시아 음악을 좋아하니?

❹ 당신은 이 영화가 마음에 듭니까?

❺ 정말 아름다운 도시구나!

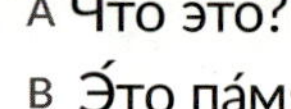

A Что э́то?
B Э́то па́мятник Пу́шкину.

이것은 무엇입니까?
이것은 푸시킨 동상입니다.

A Что э́то?
B Э́то ста́нция метро́.

이것은 무엇입니까?
이것은 지하철역입니다.

A Что э́то?
B Э́то Эрмита́ж.

이것은 무엇입니까?
이것은 에르미타주 박물관입니다.

A Что э́то?
B Э́то Москва́-река́.

이것은 무엇입니까?
이것은 모스크바 강입니다.

A Како́й го́род тебе́ нра́вится?
B Мне нра́вится Москва́.

너는 어떤 도시를 좋아하니?
난 모스크바가 좋아.

A Како́й го́род вам нра́вится?
B Мне нра́вится Санкт-Петербу́рг.

당신은 어떤 도시를 좋아합니까?
전 상트페테르부르크를 좋아합니다.

A Како́й го́род тебе́ нра́вится?
B Мне нра́вится Пари́ж.

너는 어떤 도시가 마음에 드니?
난 파리가 좋아.

A Како́й го́род вам нра́вится?
B Мне нра́вится Сеу́л.

당신은 어떤 도시를 좋아합니까?
전 서울을 좋아합니다.

A Кака́я страна́ тебе́ нра́вится?
B Мне нра́вится Росси́я.

너는 어느 나라가 좋니?
나는 러시아가 좋아.

A Кака́я страна́ вам нра́вится?
B Мне нра́вится Коре́я.

당신은 어느 나라가 좋습니까?
전 한국이 좋습니다.

A Кака́я страна́ тебе́ нра́вится?
B Мне нра́вится Аме́рика.

너는 어느 나라가 좋니?
난 미국이 좋아.

A Кака́я страна́ вам нра́вится?
B Мне нра́вится Фра́нция.

당신은 어느 나라가 좋습니까?
전 프랑스가 좋습니다.

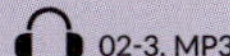
02-3. MP3

экску́рсия	관광
план го́рода Москвы́	모스크바 시내 지도
автобу́сные экску́рсии по го́роду	시내 버스 투어
достопримеча́тельность	명승지
осмотр́ть	관광하다
Кра́сная пло́щадь	붉은광장
Кремль	크렘린
Большо́й теа́тр	볼쇼이 극장
Пу́шкинский музе́й	푸시킨 박물관
Третьяко́вская галере́я	트레티야코프 화랑
ГУМ	국영 백화점
Арба́т	아르바트

проводи́ть ле́тний о́тпуск	여름 휴가를 보내다
проводи́ть ле́тний о́тпуск на Чёрном мо́ре	흑해에서 여름 휴가를 보내다
пое́здить по Золото́му кольцу́	황금고리 도시를 여행하다
экску́рсия в Я́сной Поля́не	야스나야 폴랴나 관광
экску́рсия в Кли́не	클린 관광
экску́рсия в Заго́рске	자고르스크 관광
экску́рсия в Су́здале	수즈달 관광
осмотре́ть достопримеча́тельности	명승지를 구경하다
соверши́ть пое́здку по Евро́пе	유럽 여행을 하다
путеше́ствовать по Росси́и	러시아를 여행하다

Золото́е кольцо́	황금고리 도시
Петропа́вловская кре́пость	페트로파블로프스크 요새
Не́вский проспе́кт	네바 거리
Каза́нский собо́р	카잔 대성당
Исса́киевский собо́р	성 이삭 대성당
Зи́мний дворе́ц	동궁
Киро́вский теа́тр	키로프 극장
Ме́дный вса́дник	청동기사
Эрмита́ж	에르미타주

авто́бусные экску́рсии по го́роду	시티 버스 투어
ски́дки для студе́нтов	학생 할인
ски́дки для дете́й	아동 할인
ски́дки для групп	단체 할인
получи́ть большо́е удово́льствие от экску́рсии	여행에서 큰 만족을 얻다
дово́лен(-льна) экску́рсией	여행에 만족하다
получи́ть большо́е впечатле́ние от пое́здки в Росси́ю	러시아 여행에서 큰 인상을 받다

"붉은광장은 붉지 않아요"
Красная площадь

PHOTO Igor Travkin / Shutterstock.com

'붉은광장'은 모스크바의 붉은 심장으로 불리고 있다. 크렘린의 전면에 펼쳐진, 레닌의 묘가 있는 광장. 예전부터 차르의 선언, 판결, 포고가 내려지던 곳. 지금도 메이데이와 같은 행사나 사열식이 이루어지는 곳. 그러나 그 이름에도 불구하고 이 광장은 붉지 않다. 바닥에 깔려있는 포석은 다갈색이며, 규모도 그리 크지 않다. 가장 넓은 부분이라고 해봐야 겨우 너비 100미터, 길이 500미터 가량에 지나지 않는다. 붉은광장이 현재의 이름으로 불리기 시작한 때는 17세기 말이다. 그 이전에는 상업광장, 화재광장 등으로 불렸다. '끄라스나야(Красная)'는 고대 슬라브어로 '붉은'이라는 뜻이지만 동시에 '아름다운'이라는 뜻이기도 하다.

붉은광장을 둘러싸고 있는 건물들의 면면은 화려하다. 모스크바를 대표하는 이미지인 '세상에서 가장 아름다운 건축예술품'으로 불리는 성 바실리 성당, 화려하기 이를 데 없는 굼 백화점, 역사박물관과 크렘린 성벽을 배경으로 한 레닌묘, 스파스카야 탑이 붉은광장을 중심으로 한곳에 모여 있다. 세라믹 타일로 화려하게 장식된 바실리 성당에는 이 성당을 너무나 사랑한 이반 대제가 또다시 이토록 아름다운 건물이 지어질까 두려워 건축가 두 명의 눈을 뽑아버렸다는 전설이 전해 내려온다.

레닌묘가 있는 크렘린 성벽 아래는 일종의 공동묘지이다. 현재 230여 개의 무덤이 자리하고 있는데, 트로츠키, 스탈린, 흐루시초프, 막심 고리키 등의 흉상을 그들의 무덤 앞에서 볼 수 있다. 레닌묘는 현재 붉은 화강석으로 만들어져 있으며 그 안에는 검은 양복을 입고 반듯하게 누워있는 레닌의 시신이 안치되어 있다.

크렘린의 아름다운 건물들은 제 각각의 매력으로 사람들의 시선을 끈다. 원래 크렘린의 의미는 고대 러시아에서 쓰이던 보통명사로, '도시 내부의 요새, 성벽'이다. 러시아 내의 오래된 도시들은 다 크렘린을 가지고 있는데, 그 중에서도 모스크바의 크렘린이 가장 유명하며, 러시아어 대문자로 시작할 경우 보통 모스크바의 크렘린을 말한다. 1156년 유리 돌고루키 공이 만든 이곳에서 귀족들의 결혼식, 차르의 대관식, 온갖 출정식 등의 공식 행사를 치루었다.

У меня нет брата и сестры.
난 형제가 없어.

УРОК
3

- 명사의 생격
- 인칭대명사의 생격
- 소유의 표현
- '～없다'의 표현

Миша	**Кака́я у тебя́ семья́?**
	깍까야　우 찌뱌　시미야
Нина	**У меня́ больша́я семья́.**
	우　미냐　발샤야　시미야
	У нас де́душка, ба́бушка, роди́тели, два бра́та и я.
	우　나스　제두쉬까　바부쉬까　라지쩰리　드바　브라따　이 야

1 너희 가족 구성은 어떻게 되니?

Кака́я у тебя́ семья́?

가족 상태를 물을 때 하는 질문이다. 가족 상태를 나타낼 때 형용사 большо́й, ма́ленький를 사용한다. '대가족이다'라고 답변할 때는 У меня́ больша́я семья́, '소가족이다'는 У меня́ ма́ленькая семья́라고 한다. '대가족이 아니다'라고 답변할 때는 У меня́ не больша́я семья́라고 한다.

2 우리 가족은 할아버지, 할머니, 부모님, 오빠 둘, 그리고 나야.

У нас де́душка, ба́бушка, роди́тели, два бра́та и я.

'~을 가지고 있다'라는 표현을 할 때, у кого есть ~ 표현을 쓴다. 가족관계를 나타낼 때도 해당 표현을 사용한다. '나는 여동생이 있다'는 У меня́ (мла́дшая) сестра́고 하고, '나는 오빠가 있다'는 У меня́ (ста́рший) брат라고 한다.

Миша

Так хорошо́!
딱　하라쇼

Я зави́дую тебе́.
야　자비두유　찌베

У меня́ ма́ленькая семья́: па́па, ма́ма и я.
우　미냐　말렌까야　시미야　빠빠　마마　이 야

У меня́ нет бра́та и сестры́.
우　미냐　니에트　브라따　이 시스뜨리

како́й (кака́я, како́е)	어떤
семья́	가족
де́душка	할아버지
ба́бушка	할머니
роди́тели	부모
брат	형제
зави́довать (+여격)	~를 부러워하다
ма́ленький	작은
па́па	아빠
ма́ма	엄마
сестра́	자매

미샤　너희 가족 구성은 어떻게 되니? [1]
니나　우리 집은 대가족이야.
우리 가족은 할아버지, 할머니, 부모님, 오빠 둘, 그리고 나야. [2]
미샤　아주 좋네.
네가 부럽다.
우리 집은 소가족이야. 아빠, 엄마 그리고 나뿐이야.
난 형제가 없어. [3]

3 난 형제가 없어.
У меня́ нет бра́та и сестры́.

'~이 없다'라는 표현을 할 때 [у кого́ нет + 생격] 구문을 사용한다.

У меня́ нет бра́та.	나는 오빠가 없다.
У меня́ нет сестры́.	나는 여동생이 없다.
У меня́ нет вре́мени.	나는 시간이 없다.

1 명사의 생격

생격은 우리말의 '~의'라는 조사에 해당되며 소유 관계, 소속 관계를 나타낸다. 남성과 중성 명사의 생격 형태는 -а / -я이고 여성은 -ы / -и이다.

Э́то дом бра́та.
이것은 형의 집이다.

Э́то кни́га учи́теля.
이것은 신생님의 책이다.

Э́то маши́на сестры́.
이것은 언니의 차이다.

Э́то столи́ца Коре́и, Сеу́л.
이것은 한국의 수도 서울이다.

	남성	여성	중성
주격	брат	сестра́	окно́
생격	бра́та -а	сестры́ -ы	о́кна -а

2 인칭대명사의 생격

인칭 대명사의 생격 형태는 다음과 같다.

У тебя́ больша́я семья́?
너희 집은 대가족이니?

У вас есть вре́мя?
시간 있으세요?

주격	생격
Я	меня́
Ты	тебя́
Он / Она́	его́ / её
Мы	нас
Вы	вас
Они́	их

'~을 가지고 있다'를 나타낼 때 러시아어로 'у кого́ есть ~'의 표현을 사용한다. 이때 есть는 생략 가능하다.

У меня́ есть сестра́.	나는 언니가 있다.
У тебя́ есть маши́на?	너는 차가 있니?
У вас есть брат?	당신은 형제가 있습니까?
У нас есть дом.	우리는 집이 있다.
У него́ ру́сский друг.	그는 러시아 친구가 있다.
У них есть компью́тер.	그들은 컴퓨터가 있다.

4   '~없다'의 표현

'~이 없다'라는 표현을 할 때는 'у кого́ нет ~' 다음에 생격을 사용한다.

У меня́ нет сестры́.	나는 여자 형제가 없다.
У тебя́ нет маши́ны.	너는 차가 없다.
У вас нет вре́мени.	당신은 시간이 없습니다.
У него́ нет бра́та.	그는 남자 형제가 없다.
У нас нет до́ма.	우리는 집이 없다.
У них нет компью́тера.	그들은 컴퓨터가 없다.

1. 다음에 알맞은 격 형태를 넣으세요.

❶ Это дом (брат).

❷ Это мобильный телефон (сестра).

❸ Это столица (Россия).

❹ У меня нет (сын).

2. 다음 문장을 부정문으로 만드세요.

❶ У меня машина. → ________________________________

❷ У нас компьютер. → ________________________________

❸ У него брат и сестра. → ________________________________

❹ У нас дедушка и бабушка. → ________________________________

3. 다음 질문에 답하세요.

❶ Какая у вас семья? → ____

❷ У тебя большая семья? → ____

❸ У вас есть брат? → ____

❹ У тебя есть сестра? → ____

❺ У вас есть дети? → ____

4. 다음을 러시아어로 옮기세요.

❶ 우리 집은 대가족이다. → ____

❷ 너희 집은 소가족이니? → ____

❸ 나는 오빠와 언니가 있다. → ____

❹ 나는 형제가 없다. → ____

❺ 너는 조부모님이 계시니? → ____

A Кака́я у вас семья́?　당신 가족 구성은 어떻습니까?
B У меня́ больша́я семья́.　우리 집은 대가족입니다.

A Кака́я у тебя́ семья́?　너희 집 가족 구성은 어떻니?
B У меня́ ма́ленькая семья́.　소가족이야.

A Кака́я у вас семья́?　당신 가족 구성은 어떻습니까?
B У меня́ небольша́я семья́.　대가족이 아닙니다.

A У вас больша́я семья́?　당신 집은 대가족인가요?
B Нет, нас трое – жена́, я и дочь.　아뇨, 나와 아내 그리고 딸이 있어요.

A У вас есть де́душка?　할아버지가 계신가요?
B Да, у меня́ есть де́душка.　네, 계세요.

A У тебя́ есть ба́бушка?　할머니가 계시니?
B Нет, у меня́ нет ба́бушки.　아니, 난 할머니가 안 계셔.

A У вас есть брат или сестра́?　당신은 형제나 자매가 있나요?
B У меня́ нет ни бра́та, ни сестры́.　난 형제, 자매가 없습니다.

A У вас есть де́ти?　당신은 아이가 있나요?
B Нет, у меня нет де́тей.　아뇨, 전 아이가 없습니다.

03-3. MP3

семья́	가족
ма́ленькая семья́	소가족
больша́я семья́	대가족
де́душка	할아버지
ба́бушка	할머니
роди́тели	부모
оте́ц	아버지
мать	어머니
па́па	아빠
ма́ма	엄마

ста́ршая сестра́	언니/누나
мла́дшая сестра	여동생
внук	손자
вну́чка	손녀
пра́внук	증손자
пра́вну́чка	증손녀
племя́нник(-ца)	조카

де́ти	자식
сын	아들
дочь	딸
еди́нственный сын	외동아들
еди́нственная дочь	외동딸
брат	형제
ста́рший брат	형/오빠
мла́дший брат	남동생
сестра́	여형제

"인간관계가 아주 중요해요"
Жизнь в России

러시아의 대도시에서는 3세대 동거가구를 흔히 볼 수 있으며, 대부분 자녀는 은퇴한 할머니가 돌보고 있다. 부모에 대한 자녀의 봉양 의무가 강하게 남아 있고, 명절이나 특별한 가족행사 때 친인척이 모이는 것이 보편적이다. 또한 가장의 권위가 높고, 일상의 가사와 금전관리는 주부가 맡는다. 이처럼 러시아의 가정생활에서는 동양적 생활상을 발견할 수 있다. 이러한 생활상이 나타나게 된 데는 심각한 주택난도 크게 작용하였다. 노동 연령에 있는 여성(14~55세)의 대부분이 학업이나 취업을 하고 있어 주부들도 직장에 나가는 경우가 많다. 결혼 연령은 평균 20대 전반으로 빠른 편이다. 이것은 결혼이 주택 신청의 전제 조건이 되기 때문에, 주택난과 무관하지 않다. 반면, 주택난 때문에 부부가 동거하지 못하는 경우가 허다하며, 따라서 성도덕관이 자유로운 편이고, 결혼한 3쌍 중 1쌍이 이혼할 정도로 이혼율이 높다.

러시아에서는 토·일요일과 8일의 법정공휴일 및 평균 21일의 유급휴가가 있어 여가활동이 활발히 이루어지는 편이다. 주말에는 스포츠와 놀이가 보편적으로 행해진다. 특히 대도시 가구의 상당수가 근교지역에 별장(다차)을 갖고 있어, 이곳에서 소규모 텃밭을 경작하면서 주말을 보내는 경우가 많다. 휴가기간은 주로 여름에 집중되는데, 흑해·발트해·바이칼호 등지가 대표적인 휴양지이다.

러시아는 관료주의가 강하고, 인간관계를 아주 중시하는 사회이다. 물자부족이 극심했던 과거에 비해 최근에는 많이 사라졌지만, 여전히 한국의 '백(back)'과 유사한 의미를 가지는 블라트(Blat)가 있으면 안 되는 일이 없을 정도이다. 블라트와 마찬가지로 성행되고 있는 암거래와 물물교환 역시 특유한 현상이다. 암거래와 물물교환은 실제로 러시아 경제의 주요 부분이 되고 있다. 러시아의 사회문제는 술·마약·마피아·매춘 등을 들 수 있다. 특히 술은 가장 심각한 사회문제로써 알코올중독으로 노동생산성 저하, 안전사고 빈발, 국민건강 훼손, 가정생활 파괴 등 막대한 국가적 손실을 일으키고 있다.

Что
ты
делаешь?
뭐 하고 있니?

УРОК
4

- 명사 대격
- 인칭대명사 대격
- 러시아어 동사의 현재 인칭 변화
- 청유형 명령

Саша	**Приве́т, ребя́та! Что вы де́лаете?**
	쁘리베트 리뱌따 쉬또 브이 젤라에쩨
Света	**Что за вопро́с! Мы де́лаем уро́ки.**
	쉬또 자 바쁘로스 므이 젤라엠 우로끼
Саша	**Ты не зна́ешь, где Ива́н?**
	뜨이 네 즈나에쉬 그지에 이반
Иван	**Вон он. Слу́шает му́зыку.**
	본 온 슬루샤에트 무즈꾸
Саша	**Ива́н, что ты слу́шаешь?**
	이반 쉬또 뜨이 슬루샤에쉬
Иван	**Рок-конце́рт.**
	록 깐쩨르트

1 뭐하고 있니? Что ты де́лаешь?

'너는 무엇을 하니?'라는 표현을 할 때, 동사 делать를 사용하여 'Что ты де́лаешь?'라고 한다. 답변은 다음과 같이 한다.

Я чита́ю.	독서한다.
Я смотрю́ телеви́зор.	TV 본다.
Я слу́шаю му́зыку.	음악을 듣는다.

2 나는 테니스를 친다. Я игра́ю в те́ннис.

'~ 운동을 하다'라는 표현을 할 때, играть + в 대격(운동 종목)을 사용한다.

Я игра́ю в футбо́л.	나는 축구를 한다.
Я игра́ю в бадминто́н.	나는 배드민턴을 친다.
Я игра́ю в баскетбо́л.	나는 농구를 한다.

Саша	**Дава́й игра́ть в те́ннис!**
	다바이 이그라찌 프 떼니스
Иван	**В те́ннис? В те́ннис я не игра́ю.**
	프 떼니스 프 떼니스 야 니 이그라유
	Дава́йте игра́ть в баскетбо́л!
	다바이쩨 이그라찌 브 바스께뜨볼
Света, Саша	**Дава́йте!**
	다바이쩨

де́лать	하다
вопро́с	질문
уро́к	수업
знать	알다
слу́шать	듣다
иу́зыка	음악
рок-конце́рт	록 콘서트
дава́й	~하자
дава́йте	~합시다
игра́ть в те́ннис	테니스를 치다
игра́ть в баскетбо́л	농구를 하다

사샤	안녕, 얘들아!  너희 뭐하고 있니? [1]
스베타	보면 모르니! 수업 준비 중이야.
사샤	이반 어디 있는지 모르니?
스베타	바로 여기 있잖아. 음악 듣고 있어.
사샤	이반, 뭐 듣고 있어?
이반	록 콘서트.
사샤	테니스 치자!
이반	테니스? 난 테니스 못 치는데. [2]
	농구 하자! [3]
스베타, 사샤	그래 하자!

3 농구 하자! **Дава́йте игра́ть в баскетбо́л!**

'~하자, ~합시다'라는 청유형 명령을 할 때 дава́й나 дава́йте 다음에 동사원형을 사용한다. (동사원형 대신 1인칭 복수형이 올 수 있다.)

Дава́й смотре́ть фильм. 영화 보자.
Дава́йте слу́шать му́зыку. 음악을 들읍시다.

1 명사 대격

러시아어에서 타동사의 직접목적어는 대격으로 나타낸다.

1. 남성명사와 중성명사에서 사물을 의미하는, 즉 비활동체 명사의 대격은 주격과 동일하게 사용한다.

Я читáю журнáл.　　나는 잡지를 읽는다.

Он слýшает рáдио.　　그는 라디오를 듣는다.

2. 사람이나 동물 등 활동체를 의미하는 남성명사의 대격은 생격을 사용한다.

Я знáю э́того студéнта.　　나는 이 대학생을 안다.

Я люблю́ брáта.　　나는 형을 사랑한다.

3. 여성명사의 대격은 –у / –ю 형태를 갖는다.

Я читáю нóвую кни́гу.　　나는 신간을 읽고 있다.

Он слýшает мýзыку.　　그는 음악을 듣는다.

	남성비활동체 명사	남성활동체 명사	여성명사	중성명사
주격	журнáл	брат	кни́га	окнó
대격	журнáл 대격=주격	брáта 대격=생격	кни́гу -у	окнó 대격=주격

2 인칭대명사 대격

인칭 대명사의 대격은 다음 형태를 갖는다.

Я люблю́ тебя́.　　나는 너를 사랑한다.

Я не люблю́ егó.　　나는 그를 사랑하지 않는다.

Мы хорошó знáем вас.　　우리는 당신을 잘 알고 있습니다.

Они́ не понима́ют нас.

그들은 우리를 이해하지 못한다.

Они́ понима́ют меня́.

그들은 나를 이해한다.

Ты зна́ешь их?

너는 그들을 아니?

인칭대명사 주격	인칭대명사 대격
Я	меня́
Ты	тебя́
Он / Она́	его́ / её
Мы	нас
Вы	вас
Они́	их

③ 러시아어 동사의 현재 인칭 변화

러시아어 동사의 현재형은 현재 상태의 동작, 행위, 상태를 나타낸다. 러시아어 동사는 1인칭, 2인칭, 3인칭 단/복수에 따라 인칭변화한다. 동사는 동사원형 형태에 따라 I식과 II식으로 인칭변화한다. I식 동사의 어간은 반드시 모음으로 끝나는 반면, II식 동사의 어간은 주로 자음으로 끝나는 경우가 많다.

I식 동사 인칭변화

	делать (하다)	читать (읽다)	слушать (듣다)
Я	де́лаю	чита́ю	слу́шаю
Ты	де́лаешь	чита́ешь	слу́шаешь
Он / Она́	де́лает	чита́ет	слу́шает
Мы	де́лаем	чита́ем	слу́шаем
Вы	де́лаете	чита́ете	слу́шаете
Они́	де́лают	чита́ют	слу́шают

Что вы обы́чно де́лате ве́чером?

저녁 때 보통 당신은 무엇을 하십니까?

Что ты де́лаешь у́тром?

넌 아침에 뭐하니?

Что ты де́лаешь по́сле уро́ка?

너는 방과 후 무엇을 하니?

Что вы де́лаете по́сле уро́ка?

당신은 방과 후 무엇을 하십니까?

Я де́лаю дома́шние зада́ния.

숙제를 합니다.

Я чита́ю.

독서를 합니다.

Я чита́ю газе́ту.

신문을 읽습니다.

Я рабо́таю.

일을 합니다.

Я слу́шаю му́зыку.

음악을 듣습니다.

Я отдыха́ю.

휴식을 취합니다.

Я смотрю́ фильм.

영화를 봅니다.

II식 동사 인칭변화

	говори́ть (말하다)	смотре́ть (보다)	сиде́ть (앉다)
Я	говорю́	смотрю́	сижу́
Ты	говори́шь	смо́тришь	сиди́шь
Он / Она́	говори́т	смо́трит	сиди́т
Мы	говори́м	смо́трим	сиди́м
Вы	говори́те	смо́трите	сиди́те
Они	говоря́т	смо́трят	сидя́т

Я говорю́ по-ру́сски.

나는 러시아어를 말한다.

Он говори́т по-англи́йски хорошо́.

그는 영어를 잘 말한다.

Я смотрю́ телеви́зор.

나는 TV를 본다.

Ты смо́тришь фильм?

Они́ смо́трят бале́т.

Она́ сиди́т до́ма.

Мы ча́сто сиди́м в ка́фе.

너 영화 보고 있니?

나는 발레를 본다.

그녀는 집에 있다.

우리는 자주 카페에 앉아 있다.

④ 청유형 명령

'~하자/합시다'라는 청유형 명령을 할 때 дава́й나 дава́йте 다음에 동사원형을 사용한다. 동사원형 대신 1인칭 복수형이 올 수 있다.

Дава́йте игра́ть в баскетбо́л.

Дава́йте игра́ем в баскетбо́л.

농구합시다.

Дава́йте слу́шать му́зыку.

Дава́йте слу́шаем му́зыку.

음악을 들읍시다.

Дава́й гуля́ть.

Дава́й гуля́ем.

산책하자.

Дава́й смотре́ть фильм.

Дава́й смо́трим фильм.

영화 보자.

1. 다음에 알맞은 격 형태를 넣으세요.

❶ Я читаю (журнал).

❷ Он слушает (радио).

❸ Я знаю этого (студент).

❹ Я люблю (брат).

❺ Я читаю (новая книга).

❻ Он слушает (музыка).

❼ Я люблю (ты).

❽ Мы хорошо знаем (вы).

❾ Они понимают (я).

❿ Ты знаешь (он)?

2. 다음 동사를 인칭에 알맞게 변화시키세요.

❶ Что вы (делать) вечером?

❷ Что ты (делать) утром?

❸ Я (читать) журнал.

❹ Ты (говорить) по-русски?

❺ Мы (смотреть) телевизор.

❻ Они (слушать) музыку.

❼ Я (знать) русский язык.

❽ Она (сидеть) дома.

❾ Вы (играть) в теннис?

❿ Сейчас я (работать).

3. 다음 질문에 러시아어로 답하세요.

❶ Что вы делаете утром?

→ ____

❷ Что вы делаете вечером?

→ ____

❸ Что вы делаете после урока?

→ ____

❹ Что вы делаете после работы?

→ ____

4. 다음을 러시아어로 옮기세요.

❶ 나는 보통 저녁에 독서를 한다.

→ ____

❷ 너는 방과 후에 뭐 하니?

→ ____

❸ 당신은 골프를 치십니까?

→ ____

❹ 영화 봅시다.

→ ____

❺ 나는 퇴근 후 TV를 본다.

→ ____

하루 일과

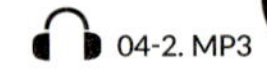

A Что вы де́лаете у́тром?	당신은 아침에 뭐하세요?
B Я чита́ю газе́ту.	신문을 읽습니다.
A Что ты де́лаешь у́тром?	넌 아침에 뭐하니?
B Я рабо́таю.	일해.
A Что вы де́лаете у́тром?	당신은 아침에 뭐하세요?
B Я слу́шаю му́зыку.	음악을 듣습니다.
A Что ты де́лаешь у́тром?	넌 아침에 뭐하니?
B Я отдыха́ю.	휴식을 취해.
A Что вы де́лаете по́сле уро́ка?	당신은 방과 후 무엇을 하십니까?
B Я смотрю́ фильм.	영화를 봅니다.
A Что ты де́лаешь по́сле уро́ка?	너는 방과 후 무엇을 하니?
B Я игра́ю в футбо́л.	축구해.
A Что вы де́лаете по́сле уро́ка?	당신은 방과 후 무엇을 하십니까?
B Я де́лаю дома́шние зада́ния.	숙제를 합니다.
A Что ты де́лаешь по́сле уро́ка?	너는 방과 후 무엇을 하니?
B Я чита́ю.	독서해.
A Вы игра́ете в пинг-по́нг?	당신은 탁구를 칩니까?
B Да, я игра́ю в пинг-по́нг.	네, 탁구를 칩니다.
A Ты игра́ешь в го́льф?	너는 골프를 치니?
B Нет, не игра́ю.	아니, 치지 않아.
A Дава́й игра́ть в те́ннис.	테니스 치러 가자.
B Дава́й.	그러자.

смотре́ть фильм	영화를 보다
смотре́ть телеви́зор	티비를 보다
смотре́ть бале́т	발레를 보다
смотре́ть спекта́кль	공연을 보다
слу́шать му́зыку	음악을 듣다
слу́шать ра́дио	라디오를 듣다
слу́шать о́перу	오페라를 보다
слу́шать джаз	재즈를 듣다
слу́шать поп- му́зыку	팝송을 듣다

игра́ть в баскетбо́л	농구를 하다
игра́ть в волейбо́л	배구를 하다
игра́ть в бейсбо́л	야구를 하다
игра́ть в те́ннис	테니스를 치다
игра́ть в го́льф	골프를 하다
игра́ть в бо́улинг	볼링을 치다
игра́ть в бадминто́н	배드민턴을 치다

слу́шать рок- му́зыку	록 음악을 듣다
чита́ть газе́ту	신문을 읽다
чита́ть журна́л	잡지를 읽다
чита́ть рома́н	소설을 읽다
чита́ть кни́гу	책을 읽다
сиде́ть за компью́тером	컴퓨터를 하다
игра́ть в футбо́л	축구를 하다

"당신을 초대합니다"
Чем занимаются россияне в свободное время

PHOTO Lyubov_Nazarova / Shutterstock.com

러시아에서는 여가활동이 활발한 편이다. 주말에는 일상적으로 스포츠와 놀이를 즐긴다. 특히 대도시 가구의 상당수가 근교 지역에 다차(별장)를 갖고 있어 이곳에서 소규모 텃밭을 경작하면서 주말을 보내는 경우가 많다.

러시아 사람들은 발레, 오페라, 연극을 관람하기 위해 극장을 즐겨 찾는다. 공연 관람비가 한국에 비해 저렴한 것도 한몫하겠지만, 곳곳에 극장이 자리잡고 있어 공연 문화가 발전하였다. 공연 관람과 함께 미술관, 박물관, 유명인들의 생가 박물관 관람 또한 주요 여가 활동 중 하나이다.

러시아 사람들은 산책도 즐겨서 공원마다 개를 끌고 다니면서 산책하는 모습은 무척 낯익은 풍경이다. 또한 피크닉도 선호하여 강가나 숲, 초원으로 피크닉을 떠나서 모닥불을 피우고 샤쉴리크(꼬치구이)를 구워 먹으며 술과 담소를 나눈다.

국내에서 관광과 휴양을 즐길 때는 모스크바, 상트페테르부르크, 모스크바 근교 황금 고리 도시, 바이칼, 소치 등 흑해, 우랄산맥 등을 주로 여행한다. 주말에 친구나 지인을 집으로 초대하는 초대 문화도 발전하였다. 초대를 받았을 때는 케이크, 초콜릿, 꽃 등의 작은 선물을 사 가는 것이 예의이며, 초대에 대한 답례로 초대한 사람을 자신의 집으로 다시 초대하는 것이 관행이다.

Я люблю музыку.
난 음악을 좋아해.

- 명사의 복수 주격과 복수 대격
- любить 동사의 사용법

Борис	**Скажи́ мне, пожа́луйста, что ты лю́бишь?**
	스까쥐 므녜 빠좔루이스따 쉬또 띄 류비쉬
Нина	**Я люблю́ му́зыку.**
	야 류블류 무직꾸
Борис	**Каку́ю му́зыку?**
	깍꾸유 무직꾸
Нина	**Совреме́нную. А что ты лю́бишь?**
	사브레멘누유 아 쉬또 뜨이 류비쉬

1 좋아하는 게 뭔지 말해 줄래?
Что ты лю́бишь?

좋아하는 것이 무엇인지를 묻는 표현이다. 동사 лю́би́ть 다음에
명사 대격을 사용하여 좋아하는 대상을 표현한다.

Я люблю́ му́зыку. 나는 음악을 사랑한다.
Я люблю́ кни́ги. 나는 책을 좋아한다.
Я люблю́ фи́льмы. 나는 영화를 좋아한다.

2 나는 컴퓨터 하는 것을 좋아해.
Я люблю́ игра́ть на компью́тере.

동사 люби́ть 다음에 동사원형을 사용하여 좋아하는 행위를 표현한다.

Я люблю́ слу́шать му́зыку. 나는 음악감상을 좋아한다.
Я люблю́ смотре́ть фи́льмы. 나는 영화 보는 것을 좋아한다.
Я люблю́ игра́ть на гита́ре. 나는 기타 치는 것을 좋아한다.

Борис

Я люблю́ игра́ть на компью́тере и
야 류블류 이그라찌 나 깜쀼쩨레 이

смотре́ть телеви́зор.
스마뜨레찌 찔레비조르

А кни́ги чита́ть не люблю́.
아 끄니기 치따찌 네 류블류

Нина

Эх ты! Чита́ть кни́ги – э́то о́чень
에흐 뜨이 치따찌 끄니기 에따 오첸

поле́зно.
빨레즈노

Моё второ́е хо́бби – э́то кни́ги.
마요 프따로에 호비 에따 끄니기

центр	중심, 시내
му́зыка	음악
совреме́нный	현대의
игра́ть на компью́тере	컴퓨터를 하다
смотре́ть телеви́зор	TV를 시청하다
чита́ть кни́ги	독서하다
поле́зно	유익하다
второ́й	제2의
хо́бби	취미

보리스 네가 좋아하는 게 뭔지 말해줄래? 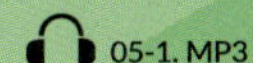[1]
니나 난 음악을 좋아해.
보리스 어떤 음악?
니나 현대 음악을 좋아해. 그런데 넌 뭘 좋아하니?
보리스 나는 컴퓨터 하는 것을 좋아해. [2]
그리고 TV 보는 것도 좋아해.
책 읽는 것은 싫어해.
니나 아유 네! 독서가 우리한테 얼마나 유용한데.
내 두 번째 취미는 독서야. [3]

3 내 두 번째 취미는 독서야.
Моё второ́е хо́бби – э́то кни́ги.

'취미'는 러시아어로 люби́мое де́ло와 영어에서 차용한 хо́бби로 표현한다.

Моё хо́бби – э́то кни́ги. 내 취미는 독서이다.
Моё хо́бби – фи́льмы. 내 취미는 영화감상이다.
Моё люби́мое де́ло – компью́терные игры́. 내 취미는 컴퓨터 게임이다.

1 명사의 복수 주격과 복수 대격

남성명사와 여성명사의 복수 주격 형태는 **-ы** / **-и**이고, 중성명사는 **-а** / **-я**이다. 비활동체 명사일 경우 복수 대격은 복수 주격과 동일한 형태를 갖는다.

Я чита́ю журна́лы.	나는 잡지를 읽는다.
Оте́ц чита́ет газе́ты.	아버지는 신문을 읽으신다.
Они́ пи́шут пи́сьма.	그들은 편지를 쓰고 있다.
Ты де́лаешь дома́шние зада́ния?	너는 숙제를 하고 있니?

	남성명사	여성명사	중성명사
단수 주격	журна́л	газе́та	письмо́
복수 주격	журна́лы -ы	газе́ты -ы	пи́сьма -а

주어	동사	목적어 (복수 대격)
Он	чита́ет	журна́лы
Она́	чита́ет	газе́ты
Они́	чита́ют	пи́сьма

2 люби́ть 동사의 사용법

люби́ть 동사는 '좋아하다, 사랑하다'를 의미하며, 좋아하는 대상을 나타내는 직접목적어나 좋아하는 행위를 나타내는 동사원형과 결합한다. люби́ть 동사는 II식 변화를 하며, 1인칭 단수 변화에서 -л이 삽입된다.

Я люблю́ спорт.	나는 스포츠를 좋아한다.
Ты лю́бишь кино́?	너는 영화 좋아하니?

Мы лю́бим ру́сскую культу́ру.

우리는 러시아 문화를 사랑한다.

Что ты лю́бишь де́лать?

너는 뭐 하는 것을 좋아하니?

Я люблю́ смотре́ть фи́льмы.

난 영화 보는 것을 좋아해.

Что вы лю́бите де́лать ве́чером?

당신은 저녁에 무엇을 하는 것을 좋아합니까?

Я люблю́ слу́шать му́зыку.

난 음악 감상을 좋아합니다.

люби́ть 동사 + 명사 대격

주어	любить 동사	명사 대격
Я	люблю́	компью́тер
Ты	лю́бишь	футбо́л
Он / Она́	любит	бале́т
Мы	лю́бим	кино́
Вы	лю́бите	му́зыку
Они́	лю́бят	кни́ги

любить 동사 + 동사원형

주어	любить 동사	동사원형
Я	люблю́	чита́ть кни́ги
Ты	лю́бишь	смотре́ть фи́льмы
Он / Она́	любит	смотре́ть телеви́зор
Мы	лю́бим	слу́шать му́зыку
Вы	лю́бите	слу́шать о́перу
Они́	лю́бят	де́лать шо́пинг

1. 다음에 복수 대격 형태를 넣으세요.

❶ Я читаю (журнал).

❷ Отец читает (газета).

❸ Они пишут (письмо).

❹ Ты делаешь (домашнее задание)?

❺ Мы любим смотреть (фильм).

2. любить동사를 인칭 변화 시키세요.

❶ Я _______________ музыку.

❷ Ты _______________ книги.

❸ Она _______________ гулять.

❹ Мы _______________ играть в футбол.

❺ Вы _______________ русскую культуру.

❻ Они _______________ смотреть балет.

3. 다음 질문에 긍정과 부정으로 답하세요.

❶ Вы любите смотреть телевизор?

❷ Ты любишь гольф?

❸ Ты любишь корейскую кухню?

❹ Вы любите путешествовать?

❺ Вы любите плавать?

4. 다음을 러시아어로 옮기세요.

❶ 너는 무엇을 하는 것을 좋아하니?

❷ 나는 인터넷 하는 것을 좋아한다.

❸ 우리는 러시아 문화를 사랑한다.

❹ 내 취미는 영화감상이다.

❺ 당신은 어떤 음악을 좋아합니까?

좋아하는 것

 05-2. MP3 **05**

A Что вы лю́бите?	당신은 무엇을 좋아하나요?
B Я люблю́ сла́дкое.	전 단 것을 좋아합니다.
A Что ты лю́бишь?	넌 무엇을 좋아하니?
B Я люблю́ фи́льмы.	난 영화를 좋아해.
A Что вы лю́бите?	당신은 무엇을 좋아하나요?
B Я люблю́ джаз.	난 재즈를 좋아해.
A Что ты лю́бишь де́лать?	넌 무엇을 하는 것을 좋아하니?
B Я люблю́ смотре́ть фи́льмы.	난 영화 보는 것을 좋아해.
A Что вы лю́бите де́лать?	당신은 무엇을 하는 것을 좋아하나요?
B Я люблю́ чита́ть кни́ги.	독서를 좋아합니다.
A Что ты лю́бишь де́лать?	넌 무엇을 하는 것을 좋아하니?
B Я люблю́ гуля́ть.	산책하는 것을 좋아해.
A Что вы лю́бите де́лать?	당신은 무엇을 하는 것을 좋아하나요?
B Я люблю́ слу́шать класси́ческую му́зыку.	클래식 음악 듣는 것을 좋아해요.
A Что ты лю́бишь де́лать?	넌 무엇을 하는 것을 좋아하니?
B Я люблю́ рабо́тать в Интерне́те.	인터넷 하는 것을 좋아해.
A Что вы лю́бите де́лать?	당신은 무엇을 하는 것을 좋아하나요?
B Я люблю́ смотре́ть бале́т.	발레 보는 것을 좋아합니다.

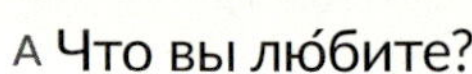

05-3. MP3

люби́ть — 좋아하다
люби́мое де́ло — 취미
хо́бби — 취미
люби́ть чай — 차를 좋아하다
люби́ть ко́фе — 커피를 좋아하다
люби́ть спорт — 스포츠를 좋아하다
люби́ть футбо́л — 축구를 좋아하다
люби́ть бейсбо́л — 야구를 좋아하다
люби́ть баскетбо́л — 농구를 좋아하다

люби́ть чита́ть кни́ги
독서를 좋아하다

люби́ть гуля́ть
산책하는 것을 좋아하다

люби́ть рабо́тать в Интерне́те
인터넷 하는 것을 좋아하다

люби́ть игра́ть на компью́тере
컴퓨터 하는 것을 좋아하다

люби́ть слу́шать класси́ческую му́зыку
클래식 음악 듣는 것을 좋아하다

люби́ть слу́шать поп-му́зыку
대중음악 듣는 것을 좋아하다

люби́ть наро́дную му́зыку
민속음악을 좋아하다

люби́ть игра́ть в футбо́л
축구하는 것을 좋아하다

люби́ть игра́ть в бейсбо́л
야구하는 것을 좋아하다

люби́ть игра́ть в баскетбо́л
농구하는 것을 좋아하다

люби́ть игра́ть на гита́ре
기타 치는 것을 좋아하다

люби́ть игра́ть на пиани́но
피아노 치는 것을 좋아하다

люби́ть смотре́ть фи́льмы
영화 보는 것을 좋아하다

люби́ть смотре́ть бале́т
발레 보는 것을 좋아하다

люби́ть традицио́нную му́зыку
전통음악을 좋아하다

люби́ть электро́нную му́зыку
전자음악을 좋아하다

люби́ть джаз
재즈를 좋아하다

люби́ть рок
록을 좋아하다

люби́ть ру́сскую культу́ру
러시아 문화를 좋아하다

люби́ть коре́йскую культу́ру
한국 문화를 좋아하다

"예술가들의 숨결을 느껴봐요"
Популярные достопримечательности Москвы

볼쇼이 극장 (Большой театр)

모스크바에 위치한 극장. 이름 '볼쇼이'는 크다는 뜻을 갖는다. 볼쇼이 극장은 1776년에 정식 설립되었다가 1825년에 재건되었다. 올해가 볼쇼이 극장 설립 240주년이 되는 해이다. 러시아를 대표하는 오페라와 발레의 상설 극장으로 전속 오페라단, 합창단, 발레단, 관현악단 및 부속학교 등이 있으며, 객석은 2150석으로 이름이 뜻하는 그대로 대극장이다.

볼쇼이 극장은 시드니의 오페라 하우스, 영국의 로얄 오페라 하우스, 미국의 링컨 공연 예술 센터와 함께 세계에서 가장 유명한 극장이다. 볼쇼이 극장에선 라흐마니노프, 루빈스타인, 차이콥스키 등의 전설적인 작곡가들이 자작곡을 지휘했던 음악의 요람이기도 하다. 특히 1964년 유리 그리고로비치가 발레 총안무가로 영입된 후 전 세계적으로 발레 공연의 대명사가 되었다.

트레티야코프 화랑 (Третьяковская галерея)

19세기 부호 트레티야코프 형제들이 자신이 소장한 미술품을 모스크바 시에 기부하여 만들어진 화랑이다. 고대 러시아 성화에서부터 현대미술에 이르기까지 러시아의 미술을 감상할 수 있는 대형 전시관이다.

특히 러시아 19세기 그림이 귀족의 전유물이 되어서는 안된다는 철학으로 민중들에게도 감상의 기회를 주기 위해 이동 전시회를 열었던 이동 작가(передвижник)들의 작품이 소장되어 있는 것으로 유명하다. 루블료프의 〈삼위일체〉, 레핀의 〈이반 뇌제의 아들〉, 페로프의 〈도스토옙스키〉, 수리코프의 〈유형지로 끌려가는 마리조바 여인〉 등 5만 점 이상의 작품들이 60개 전시관에 전시되어 있다.

아르바트 거리 (Улица Арбат)

아르바트는 러시아의 신구 문화의 조화와 자유로움을 만끽할 수 있는 파리의 몽마르트 언덕과 같은 곳이다. 이곳은 다양하고 즐거운 볼거리와 재미를 제공해준다. 15세기경에 만들어진 이 거리는 모스크바의 과거와 현재 그리고 미래가 공존하는 공간이다. 차량 통행은 금지되어 있다.

거리의 악사들이 아름다운 음악을 연주하고, 거리의 화가들이 초상화를 그려준다. 숄, 인형, 기념배지, 카메라, 망원경, 모피까지 다양한 기념품을 팔고 있다. 아르바트 거리 카페들은 유럽의 노천 카페와 같은 분위기를 연출하며 젊은이들과 외국인들이 자주 찾는 젊음과 활기가 넘치는 장소이기도 하다.

Какая сегодня погода?
오늘 날씨 어때?

УРОК
6

- 명사 조격
- 인칭대명사 조격
- 의문대명사 какой, какая, какое
- 술어 부사

Толя	**Кака́я сего́дня пого́да?**
	깍까야 시보드냐 빠고다
Таня	**Сего́дня тепло́, со́лнце, ве́тра нет.**
	시보드냐 찌쁠로 손쩨 베뜨라 니에트
Толя	**Та́ня, како́е вре́мя го́да ты лю́бишь?**
	따냐 깍꼬에 브례미야 고다 뜨이 류비쉬

만세
포인트

1 오늘 날씨 어때?

Кака́я сего́дня пого́да?

날씨를 묻는 표현이다. '날씨가 좋다'라고 대답할 때는 Сего́дня хоро́шая пого́да라고 한다. '날씨가 나쁘다'라고 할 때는 Сего́дня плоха́я пого́да라고 한다. '비가 온다'는 Идёт дождь, '눈이 온다'는 Идёт снег라고 한다. 이때 어순에 주의를 기울여야 한다. '비나 눈이 온다'는 문장 전체가 새로운 정보(рема)이기 때문에 주어+동사의 어순이 아니라, 동사+주어의 어순이 된다.

2 넌 어떤 계절을 좋아하니?

Како́е вре́мя го́да ты лю́бишь?

'계절'은 러시아어로 вре́мя го́да라고 한다. '좋아하는 계절'을 물을 때는 의문대명사 како́е와 동사 люби́ть를 사용한다.

Я люблю́ весну́. 나는 봄을 좋아한다.

Я люблю́ ле́то. 나는 여름을 좋아한다.

Я люблю́ о́сень. 나는 가을을 좋아한다.

Я люблю́ зи́му. 나는 겨울을 좋아한다.

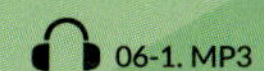

Таня	**Я люблю́ весну́.** 야 류블류 베스누
	Весно́й тепло́, краси́во. 베스노이 찌쁠로 끄라시보
	Мо́жно гуля́ть в па́рке. 모즈노 굴랴찌 프 빠르께
	А ты како́е вре́мя го́да лю́бишь? 아 뜨이 깍꼬에 브례먀 고다 류비쉬
Толя	**Люблю́ о́сень.** 류블류 오센
	О́сенью мо́жно собира́ть гри́бы. 오센유 모즈노 사비라찌 그리브이
	И ещё – о́сенью у меня́ день рожде́ния. 이 잇쇼 오센유 우 미냐 젠 라즈제니야

како́й **(кака́я, како́е)**	어떤
пого́да	날씨
тепло́	따뜻하다
со́лнце	태양
ве́тер	바람
вре́мя го́да	계절
весна́	봄
краси́во	아름답다
мо́жно (＋동사원형)	～를 할 수 있다
гуля́ть	산책하다
парк	공원
о́сень	가을
собира́ть	모으다
гриб	버섯
ещё	또한
день рожде́ния	생일

톨랴 　오늘 날씨 어때?
타냐 　오늘은 따뜻해. 해도 떴고 바람도 없어.
톨랴 　타냐, 넌 어떤 계절을 좋아하니?
타냐 　난 봄이 좋아. 따뜻하고 아름답잖아.
　　　공원에서 산책할 수도 있고,
　　　넌 어떤 계절을 좋아하는데?
톨랴 　난 가을이 좋아. 가을에는 버섯을 딸 수 있잖아.
　　　그리고 한 가지 이유가 더 있지.
　　　가을엔 내 생일이 있거든.

---

3 공원에서 산책할 수도 있어.

Мо́жно гуля́ть в па́рке.

'～를 할 수 있다'라는 표현을 할 때 мо́жно＋동사원형을 사용한다. 이때 의미상 주체는 여격으로 나타낸다.

Мне мо́жно рабо́тать.　나는 일할 수 있다.
Нам мо́жно отдыха́ть.　우리는 휴식할 수 있다.
Мо́жно кури́ть здесь?　여기서 흡연해도 됩니까?

1 명사 조격

조격은 행위를 수행하는 방법이나 수단, 도구를 표현할 때 사용한다. '나는 연필로 쓴다'를 러시아어로 표현할 때 '연필로'를 조격으로 나타내어, **Я пишу́ каранда́шом**이 된다. 남성명사와 중성명사의 조격은 -ом / -ем이고 여성명사의 조격은 -ой / -ей이다. 또한 '~와 함께', '~를 포함하는'의 의미를 갖는 영어의 with에 해당되는 전치사 c와 함께 사용된다.

Учи́тель пи́шет ме́лом.	선생님은 분필로 쓴다.
Она́ рису́ет каранда́шом.	그녀는 연필로 그림을 그린다.
О́чень притя́тно встре́титься с ва́ми.	당신을 만나게 되어 매우 기쁩니다.
Я говорю́ с подру́гой.	나는 여자친구와 이야기 중이다.
Всегда́ с тобо́й!	항상 너와 함께!
С Рождество́м!	Merry Christmas!
С Но́вым го́дом!	Happy New Year!
да́ма с соба́кой	개를 끄는 부인
ма́льчик с зо́нтиком	우산을 든 소년

	남성명사	여성명사	중성명사
주격	брат	ма́ма	окно́
조격	с бра́том	с ма́мой	ко́мната с больши́м окно́м
	-ом	-ой	-ом

조격은 '시간'을 나타낼 때도 사용된다. '봄, 여름, 가을, 겨울에'를 표현할 때 조격을 사용하여 весно́й, ле́том, о́сенью, зимо́й라고 한다. '아침에'는 у́тром, '낮에'는 днём, '저녁에'는 ве́чером, '밤에'는 но́чью라고 표현한다.

весна́ 봄	весно́й 봄에
ле́то 여름	ле́том 여름에
о́сень 가을	о́сенью 가을에
зи́ма 겨울	зи́мой 겨울에

у́тро 아침	у́тром 아침에
день 낮	днём 낮에
ве́чер 저녁	ве́чером 저녁에
ночь 밤	но́чью 밤에

② 인칭대명사 조격

인칭대명사 조격은 다음과 같은 형태를 갖는다.

인칭대명사 주격	인칭대명사 조격
Я	мной
Ты	тобо́й
Он /Она́	им /ей
Мы	на́ми
Вы	ва́ми
Они́	и́ми

Мама лю́бит говори́ть со мной.

Я люблю́ игра́ть с тобо́й.

Мы лю́бим рабо́тать с ва́ми.

Я рад встре́титься с ней.

엄마는 나와 이야기하는 것을 좋아한다.

나는 너와 노는 것이 재미있어.

우리는 당신과 일하는 것이 좋습니다.

그녀를 만나 기쁘다.

③ 의문대명사 какой, какая, какое

의문대명사 какой, какая, какое는 '어떤' '무슨' '어떠한'의 의미를 갖는다. 수식하는 명사의 성, 수, 격에 일치해야 한다.

Како́й день сего́дня?

오늘은 무슨 요일입니까?

Како́й цвет вам нра́вится?

당신은 무슨 색깔을 좋아하나요?

Кака́я сего́дня пого́да?

오늘 날씨가 어떻습니까?

Кака́я кни́га тебе́ нра́вится?

어느 책이 마음에 드니?

А вам како́е де́ло?

당신이 무슨 상관 있습니까?

Како́е сего́дня число́?

오늘은 며칠입니까?

④ 술어 부사

술어 부사는 тепло́(따뜻하다), краси́во(아름답다)와 같이 어미 -о를 가지며 문장에서 술어의 기능을 수행한다. 이때 의미상의 주체는 여격으로 나타낸다. '~하는 것이 ~하다'를 표현하려면 술어 부사에 동사원형을 결합하여 표현한다.

Сего́дня тепло́.	오늘은 따뜻하다.
Здесь мне хо́лодно.	난 여기가 춥다.
Нам интере́сно на уро́ке ру́сской культу́ры.	우리는 러시아 문화 수업 시간이 재미있다.
Мне интере́сно смотре́ть фи́льмы.	나는 영화 보는 것이 재미있다.
Тебе́ не тру́дно?	너 힘들지 않니?
Нам тру́дно рабо́тать.	우리는 일하는 것이 힘들다.
Ску́чно ли до́ма?	집에서 심심하지 않아?

1. 다음에 알맞은 격 형태를 넣으세요.

❶ Учитель пишет (мел).

❷ Она рисует (карандаш).

❸ Очень притятно встретиться с (вы).

❹ Я говорю с (подруга).

❺ С (Новый год)!

2. 다음을 알맞은 형태로 고치세요.

❶ Сегодня (тёплый).

→ ____

❷ Здесь мне (холодный).

→ ____

❸ Нам (интересный) на уроке русской культуры.

→ ____

❹ (Я) интересно смотреть фильмы.

→ ____

❺ (Мы) трудно работать.

→ ____

3. 다음 질문에 러시아어로 답하세요.

❶ Какая погода весной?

→ ____

❷ Какая погода летом?

→ ____

❸ Какая погода осенью?

→ ____

❹ Какая погода зимой?

→ ____

4. 다음을 러시아어로 옮기세요.

❶ 오늘 날씨는 어떻습니까?

→ ____

❷ 오늘 날씨는 아주 좋습니다.

→ ____

❸ 너는 어떤 계절을 좋아하니?

→ ____

❹ 나는 봄을 좋아해.

→ ____

❺ 나는 러시아어 공부하는 것이 재미있다.

→ ____

 06-2. MP3 **06**

A Кака́я сего́дня пого́да?　오늘 날씨가 어떻습니까?
B Сего́дня тепло́.　오늘은 따뜻합니다.
　Сего́дня жарко́.　오늘은 덥습니다.
　Сего́дня прохла́дно.　오늘은 서늘합니다.
　Сего́дня хо́лодно.　오늘은 춥습니다.

A Ско́лько сего́дня гра́дусов?　오늘 기온은 몇 도인가요?
B Плюс 25 гра́дусов.　영상 25도입니다.

A Ско́лько сего́дня гра́дусов?　오늘 기온은 몇 도인가요?
B Ми́нус 3 гра́дуса.　영하 3도입니다.

A Кака́я пого́да весно́й?　봄철 날씨는 어떤가요?
B Весно́й тепло́.　봄엔 따뜻합니다.

A Кака́я пого́да ле́том?　여름철 날씨는 어떤가요?
B Ле́том жарко́.　여름엔 덥습니다.

A Кака́я пого́да о́сенью?　가을철 날씨는 어떤가요?
B О́сенью прохла́дно.　가을엔 서늘합니다.

A Кака́я пого́да зи́мой?　겨울철 날씨는 어떤가요?
B Зи́мой хо́лодно.　겨울엔 춥습니다.

A Како́е вре́мя го́да ты лю́бишь?　너는 어느 계절을 좋아하니?
B Я люблю́ весну́.　봄을 좋아해.

A Како́е вре́мя го́да вы лю́бите?　어느 계절을 좋아하세요?
B Я люблю́ ле́то.　여름을 좋아합니다.

A Како́е вре́мя го́да ты лю́бишь?　너는 어느 계절을 좋아하니?
B Я люблю́ о́сень.　가을을 좋아해.

A Како́е вре́мя го́да вы лю́бите?　어느 계절을 좋아하세요?
B Я люблю́ зи́му.　겨울을 좋아합니다.

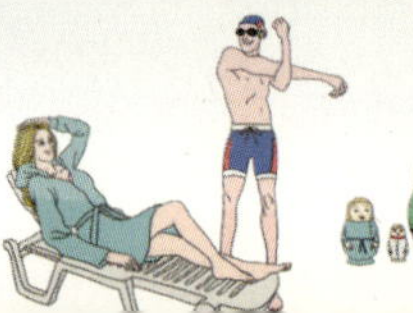

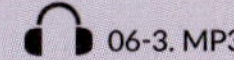
06-3. MP3

пого́да	날씨
прогно́з пого́ды	일기예보
прогно́з пого́ды на за́втра	내일 일기예보
гра́дус	(기온) 도
температу́ра	기온
температу́ра плюс 28 гра́дусов	영상 28도
температу́ра ми́нус 7 гра́дусов	영하 7도
передава́ть	예보하다
обеща́ть	예보하다
по Це́льсию	섭씨

тума́нно	안개가 꼈다
ве́трено	바람이 많다
дождь	비
дождли́вый се́зон	장마철
снег	눈
бу́ря	폭풍
ве́тер	바람
вре́мя го́да	계절
весна́	봄
ле́то	여름
о́сень	가을
зима́	겨울

по Фаренге́йту	화씨
тепло́	따뜻하다
жарко́	덥다
ду́шно	무덥다
прохла́дно	서늘하다
хо́лодно	춥다
со́лнце	태양
о́блако	구름
со́лнечно	맑다
о́блачно	흐리다
вла́жно	습하다

хоро́шая пого́да	좋은 날씨
замеча́тельная (прекра́сная) пого́да	아주 좋은 날씨
плоха́я пого́да	나쁜 날씨
ужа́сная пого́да	악천후
доро́ги ско́льзкие	도로가 미끄럽다
цепь противоскольже́ния	스노 체인
зо́нтик	우산
зо́нтик от со́лнца	양산
плащ	우비

"눈이 아주 많이 와"
Климат России

러시아이 겨울은 10월 말부터 4월까지 계속된다. 1년 중 거의 6개월이 겨울인 셈이다. 겨울엔 하염없이 눈이 내린다. 해가 뜬 날을 맞이하는 것은 참으로 드문 일이다. 오후 세 시만 되어도 거리는 어두워진다. 눈이 내리는 회색 빛 겨울이 러시아의 매력이라고도 할 수 있다. 아마도 러시아처럼 한국에 눈이 내린다면 한국 도로는 물론 경제까지 마비되는 사태가 발생할지도 모른다. 다행히 러시아는 이러한 기후적 특성 때문에 제설 장비 면에서 남다른 기술과 노하우를 갖고 있다.

모스크바의 경우 지구 온난화의 영향을 받아 과거 20여 년 전 보다 겨울 기온이 많이 올라간 편이지만, 겨울엔 샤프카(털모자)를 쓰지 않고선 외출을 절대 할 수 없을 정도로 날씨가 매섭다. 봄이 와서 기온이 올라가면 거리는 겨울 내 도로 가에 쌓아두었던 눈이 녹아 진흙탕이 되어 버려 행인들에게 불편을 주지만, 추운 러시아에도 어김없이 봄은 온다.

봄이 오면 러시아인들은 다차의 텃밭에 감자, 오이, 토마토, 양파, 당근과 같은 채소를 심는다. 러시아 경제난 때문에 자구책으로 농사를 짓는다고 오해하면 곤란하다. 러시아인들은 자고로 자연 친화적인 민족이어서 텃밭을 가꾸고, 숲에서 야생 딸기와 버섯을 따고 낚시를 하며 자연에서 채취한 식재료로 요리해 먹는 것을 좋아한다.

또한 해 뜨는 날이 일 년 중 많지 않기 때문에, 5월의 화창한 봄날이면 러시아인들은 너나할 것 없이 모두 거리나 풀밭에서 일광욕을 즐긴다. 여름철 모스크바 강변엔 수영복을 입은 젊은이들이 누워서 일광욕을 즐긴다.

Она работает в университете.
그녀는 대학교에서 일해.

- 명사 전치격
- 인칭대명사 전치격
- 의문대명사 где
- 동사 жить
- 동사 учиться

Катя Ты зна́ешь, где рабо́тает Ни́на Ива́новна?
뜨이 즈나에쉬 그제 라보따에트 니나 이바노브나

Коля Да, зна́ю. Она́ рабо́тает в университе́те.
다 즈나유 아나 라보따에트 브 우니베르시쩨쩨

Она́ преподава́тель.
아나 쁘레빠다바쩰

Катя Она́ живёт в Москве́?
아나 쥐뵤트 브 마스끄볘

Коля Да, она́ живёт в Москве́.
다 아나 쥐뵤트 브 마스끄볘

---

1 어디에서 일하는지?
Где она́ рабо́тает?

직장을 묻는 표현이다. '네 직장은 어디니?'라고 물을 때는 Где ты рабо́таешь?라고 한다. 답변은 동사와 함께 전치사 в나 на + 직장명을 사용하여 한다.

Я рабо́таю в компа́нии Самсунг.　나는 삼성에 다닌다.
Где ваш оте́ц рабо́тает?　너희 아버지는 어디서 일하시니?
Мой оте́ц рабо́тает в ба́нке.　은행에 다니셔.

2 모스크바에 사셔.
Она́ живёт в Москве́.

'사는 곳'을 말할 때, 동사 жить와 전치사 в나 на + 전치격을 사용하여 표현한다. '당신은 어디에 사십니까?'라고 물을 때는 Где вы живёте?라고 한다. 답변은 상황에 따라 나라나 도시명을 말할 수도 있고, 구체적인 거리명을 말할 수 있다.

Я живу́ в Санкт-Петербу́рге.　나는 상트페테르부르크에 산다.
Я живу́ в Сеу́ле.　나는 서울에 산다.
Я живу́ на Арба́те.　나는 아르바트에 산다.

07-1. MP3

동영상 강의

Катя **Её семья́ то́же живёт в Москве́?**
에요 세미야 또줴 쥐뵤트 브 마스끄볘

Коля **Да, коне́чно. Её муж рабо́тает**
다 까녜츠노 에요 무쉬 라보따에트

в иностра́нной фи́рме.
브 이나스뜨란노이 피르메

Он о́чень хорошо́ говори́т
온 오첸 하라쇼 가바리트

по-англи́йски.
빠 안글리스끼

Её сын учи́тся в Моско́вском
에요 싀인 우칫쨔 브 마스꼽스꼼

госуда́рственном университе́те.
가수다르스뜨벤놈 우니베르시쩨쩨

знать 알다
рабо́тать 일하다
университе́т 대학
преподава́тель 강사
жить 살다
говори́ть 말하다
по-англи́йски 영어로
учи́ться 배우다

카쨔 니나 이바노브나가 어디에서 일하는지 [1] 알고 있니?
콜랴 응, 알고 있어. 대학에서 일하셔. 강사야.
카쨔 모스크바에 사시니?
콜랴 응, 모스크바에 사셔. [2]
카쨔 그녀 가족도 모스크바에 살아?
콜랴 응, 물론이지. 남편은 외국계 회사에 다니셔.
영어를 아주 잘 하시거든. [3]
아들은 모스크바 국립대학에 다녀.

3 영어를 아주 잘 하시거든.
Он о́чень хорошо́ говори́т по-англи́йски.

'외국어로 말하다'라고 할 때 사용하는 표현이다. '나는 러시아어를 잘한다'라고 말할 때는 Я говорю́ по-ру́сски хорошо́라고 한다. 이때 о́чень хорошо́ (아주 잘), хорошо́ (잘), немно́го (약간), пло́хо (잘 못) 등의 부사를 사용하여 잘하는 정도를 나타낼 수 있다.

Я говорю́ по-ру́сски немно́го. 나는 러시아어를 조금 한다.
Я говорю́ по-англи́йски хорошо́. 나는 영어를 잘한다.

1 명사 전치격

전치격은 전치사와 사용하는 격이다. 남성, 여성, 중성 명사의 전치격 어미는 모두 -е/-и이다. 전치사 в, на와 결합하여 '~에서'라는 장소를 표현한다. 전치사 в는 기본적으로 영어의 in (~안에서)에 해당되고, 전치사 на는 on (~위에서)에 해당된다.

Кни́га в столе́. 책은 책상 안에 있다.

Кни́га на столе́. 책은 책상 위에 있다.

В реке́ мно́го рыб. 강에 물고기가 많다. (рыб는 рыба의 복수 생격 형태)

Го́род Волгогра́д – на реке́ Во́лга. 볼고그라드 도시는 볼가 강에 있다.

그러나 전치사 в와 на의 의미가 '~안에' '~위에'를 나타내지 않고, '~에서'라는 장소의 표현으로도 자주 사용된다. восто́к (동), за́пад (서), юг (남), се́вер (북), конце́рт (음악회), уро́к (수업), заво́д (공장), ры́нок (시장) 등 몇몇 명사들은 전치사 на와 결합한다.

Третьяко́вская галлере́я - в Москве́. 트레티야코프 화랑은 모스크바에 있다.

Эрмита́ж – в Санкт-Петербу́рге. 에르미타주 박물관은 상트페테르부르크에 있다.

Санкт-Петербу́рг - на за́паде Росси́и. 상트페테르부르크는 러시아 서쪽에 위치한다.

Я на конце́рте. 나는 음악회에 있다.

Он на уро́ке. 그는 수업 중이다.

Она́ рабо́тает на заво́де. 그녀는 공장에서 일한다.

	남성명사	여성명사	중성명사
주격	теа́тр	шко́ла	мо́ре
전치격	в теа́тре -е	в шко́ле -е	в мо́ре -е

2 인칭대명사 전치격

인칭대명사 전치격은 다음과 같이 변화한다.

Мы всегда́ ду́маем о вас.　우리는 항상 당신을 생각합니다.

Скажи́те, пожа́луйста, о ней.　그녀에 대해 이야기 해주십시오.

인칭대명사 주격	인칭대명사 전치격
Я	обо мне
Ты	о тебе́
Он / Она	о нём / о ней
Мы	о нас
Вы	о вас
Они́	о них

3 의문대명사 где

'어디에' 장소를 물어볼 때 의문대명사 где를 사용한다. '당신 사무실이 어디입니까?'는 Где ва́ша рабо́та? 또는 Где ваш о́ффис?라고 물어본다. 영어의 be 동사에 해당되는 동사 есть 는 주로 생략한다. Где로 물으면, 장소의 표현, 즉 장소 부사 또는 전치사 в나 на + 전치격을 사용하여 답변한다.

Где ваш университе́т?　당신 대학은 어디에 있습니까?

Мой университе́т в це́нтре.　우리 대학은 시내에 있습니다.

Где ты?　너 어디에 있니?

Я до́ма.　난 집에 있어.

Где оте́ц?　아버지는 어디 계시니?

Он на рабо́те.

직장에 계셔.

Где сестра́?

언니는 어디 갔어?

Она́ в теа́тре.

극장에 갔어.

Где ва́ша рабо́та?

당신 직장은 어디에 있습니까?

Моя́ рабо́та на ю́ге реки́.

제 직장은 강남에 있습니다.

4 **동사** жить

동사 жить는 인칭 변화시 자음 -в-가 삽입되고, 장소를 나타내는 표현과 결합한다.

Где ты живёшь?

너는 어디에 사니?

Я живу́ в Сиби́ри.

나는 시베리아에 산다.

Я живу́ на Украи́не.

나는 우크라이나에 산다.

Я живу́ в Сеу́ле.

나는 서울에 산다.

주어	동사 жить 인칭 변화	장소 표현
Я	живу́	в Москве́
Ты	живёшь	в Санкт-Петербу́рге
Он / Она́	живёт	в Сеу́ле
Мы	живём	на Украи́не
Вы	живёте	на о́строве Чеджудо́
Они́	живу́т	на у́лице Арба́та

동사 учи́ться는 '배우다'라는 뜻을 갖는 동사로 여격과 결합하여 사용한다.

Я учу́сь ру́сскому языку́. 나는 러시아어를 배운다.

Он учи́тся компью́терной те́хнике. 그는 컴퓨터 기술을 배운다.

또한 '학교에 다닌다'라는 표현을 할 때도 동사 учи́ться를 사용한다.

Ни́на у́чится в нача́льной шко́ле. 니나는 초등학교에 다닌다.

Он у́чится в сре́дней шко́ле. 그는 중학교에 다닌다.

Я учу́сь в университе́те. 대학에 다닌다.

인칭대명사	동사 учиться
Я	учу́сь
Ты	у́чишься
Он /Она	у́чится
Мы	у́чимся
Вы	у́читесь
Они	у́чатся

▶ 소사 -ся는 동시 인칭 변화시 모음으로 끝날 때는 -сь로, 자음으로 끝날 때는 -ся 형태로 결합한다.

 **1.** 다음에 알맞은 전치사를 넣으세요.

❶ Мой отец работает _________ фирме.

❷ Санкт-Петербург - _________ западе России.

❸ Сейчас он _________ стадионе.

❹ Они работают _________ рынке.

❺ _________ реке много рыб.

❻ Мои родители живут _________ Москве.

❼ Моя семья живёт _________ Украине.

❽ Моя работа _________ центре города.

❾ Наш дом _________ проспекте Вернадского.

❿ Они живут _________ улице Горького.

2. 다음에 알맞은 격 형태를 넣으세요.

❶ Третьяковская галлерея - в (Москва).

❷ Я на (концерт).

❸ Он на (урок).

❹ Она работает на (завод).

❺ Я работаю в (компания).

3. учиться 동사를 인칭변화 하세요.

❶ Я ____________ русскому языку.

❷ Ты ____________ в школе?

❸ Где он ____________?

❹ Мы ____________ в десятом классе.

❺ Вы ____________ компьютерной технике.

❻ Они ____________ играть в теннис.

4. 다음을 러시아어로 옮기세요.

❶ 우리 부모님은 키예프에 사신다.

→ ____

❷ 내 직장은 시내에 있다.

→ ____

❸ 러시아어를 배우는 것은 어렵다.

→ ____

❹ 우리 아들은 초등학생이다.

→ ____

❺ 그는 영어를 잘해서 외국인 회사에서 일한다.

→ ____

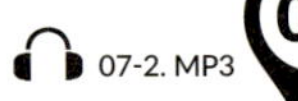

A Где ваш дом?　당신 집은 어디인가요?
B Наш дом на проспе́кте Верна́дского.　베르나츠키 프로스펙트에 있어요.

A Где ва́ша рабо́та?　직장은 어디인가요?.
B Моя́ рабо́та в це́нтре го́рода.　시내에 있어요.

A Где магази́н?　상점은 어디인가요?
B О́чень бли́зко. Руко́й подать.　아주 가까워요. 엎드리면 코 닿는 곳에 있어요.

A Где ста́нция?　지하철 역은 어디인가요?
B Далеко от на́шего до́ма.　집에서 멉니다.

A Где вы живёте?　어디 사세요?
B Я живу́ в Сеу́ле.　서울에 삽니다.

A Ва́ши роди́тели то́же живу́т в Сеу́ле?　부모님도 서울에 사시나요?
B Нет, они́ живу́т в Пуса́не.　아뇨, 부산에 사세요.

A Где ты живёшь?　넌 어디 사니?
B Я живу́ в Москве́.　난 모스크바에 살아.

A Твои́ роди́тели то́же живу́т в Москве́?　부모님도 모스크바에 사시니?
B Нет, они́ живу́т в Петербу́рге.　아니, 페테르부르크에 사셔.

A Вы зна́ете, где живёт Ната́лья Петро́вна?　나타샤 페트로브나가 어디에 사는지 알고 있나요?
B Зна́ю. Она́ живёт на у́лице Дру́жбы.　알아요. 드루즈바 거리에 삽니다.

A Анто́н, приходи́ к нам в го́сти. Я живу́ на у́лице Го́рького. Дом 5, кварти́ра 10.　안톤, 우리 집에 놀러와. 우리 집은 고리키 거리, 5동 10호야.
B Спаси́бо за приглаше́ние.　초대 고마워.

07-3. MP3

дома́шний а́дрес	집 주소
а́дрес рабо́ты	직장 주소
дом	집
кварти́ра	아파트
рабо́та	직장
университе́т	대학
институ́т	연구소
универма́г	백화점
шо́пинг-центр	쇼핑 센터
магази́н	상점

сало́н красоты́	미용실
парикма́херская	이발소
парк	공원
го́род	도시
центр го́рода	시내
дере́вня	시골
у́лица	거리
проспе́кт	대로
ста́нция метро́	지하철역
вокза́л	기차역

продово́льственный магази́н
식료품점

бу́лочная	제과점
конди́терская	과자점
ры́нок	시장
по́чта	우체국
стадио́н	스타디움
бассе́йн	수영장
банк	은행

авто́бусная обстано́вка	버스 정류장
стоя́нка такси́	택시 정류장
аэропо́рт	공항
побли́зости	근처에
бли́зко	가깝다
далеко́	멀다
Руко́й пода́ть	코 닿는 데 있다

교육

"모스크바 국립대학교"
МГУ

모스크바 국립대학교는 러시아 수도 모스크바에 위치한 러시아 최고의 대학이며, 세계적인 명문 종합대학 중 하나이다. 정식 명칭은 M.V. 로모노소프 모스크바 국립대학교(Московский государственный университет имени Ломаносова)이고, 약칭은 MSU(МГУ) 이다. 1724년 설립된 상트페테르부르크 국립대학교에 이어 러시아에서 두 번째로 오랜 역사와 전통을 자랑한다.

2010년 기준 기계학·수학학부, 물리학부, 화학부, 생물학부, 토양과학부, 지리학부, 지학부, 재료공학부, 역사학부, 철학부, 언어학부, 법학부, 경제학부, 언론학부, 아시아·아프리카학부 등의 29개 학부, 350개 학과, 야간부·통신교육부 및 대학원에서 57개의 학부과정, 168개의 대학원과정이 있다.

캠퍼스는 모호바야 거리와 면적 100만 제곱미터의 참새 언덕에 위치하고 있으며 유서 깊은 건물들이 많다. 부설시설로는 도서관, 4개 박물관, 식물원, 핵물리연구소·역학연구소·천문연구소를 비롯한 10여 개의 연구소, 미디어센터·국제교육센터·국제레이저센터·사회학연구센터를 비롯한 20여 개의 연구센터, 과학파크, 출판국, 레크리에이션 센터, 영재기숙학교 등이 있다.

졸업생 또는 교수로 노벨상을 수상한 대표적인 인물은 러시아의 정치가로서 구소련 공산당 서기장과 최초의 대통령을 지내고 1990년 평화상을 수상한 미하일 고르바초프, 니콜라이 세묘노프(1956, 화학), 표트르 카피차(1978, 물리), 알렉세이 아브리코소프(2003, 물리)이다. 또한 작가 레프 톨스토이, 안톤 체호프, 수학자 안드레이 콜모고로프, 러시아 출신의 프랑스 화가 바실리 칸딘스키, 물리학자 안드레이 사하로프 등이 졸업했다.

1949-1953
МОСКОВСКИЙ ГОСУДАРСТВЕННЫЙ УНИВЕРСИТЕТ им. М. В. ЛОМОНОСОВА
PHOTO Pavel L Photo and Video / Shutterstock.com
PHOTO Pavel L Photo and Video / Shutterstock.com
MOSCOW

Кем ты хочешь стать?
너는 뭐가 되고 싶니?

- 동사 хотеть 사용법
- 동사 стать 사용법
- ли 사용법

Вера Анто́н! Кем ты хо́чешь стать?
안똔 껨 뜨이 호체쉬 스따찌

Антон Я хочу́ стать компью́терным программи́стом.
야 하추 스따찌 깜쀼쩨르느임 쁘라그라미스똠

Вера Ой! Э́то совреме́нная популя́рная профе́ссия.
오이 에따 사브레멘나야 빠뿔랴르나야 쁘라페시야

1 너는 뭐가 되고 싶니?
Кем ты хо́чешь стать?

хоте́ть 동사는 '~를 원하다'를 나타낼 때 동사원형과 결합하므로 동사원형 стать가 왔다. 한편 стать 동사는 '~이 되다'를 나타낼 때 조격과 결합하므로 кто의 조격 кем이 왔다. хоте́ть 동사는 자주 사용하는 동사이므로 사용법을 알아두어야 한다. '나는 차를 원한다'라 할 때 명사와 결합하여 Я хочу́ чай라고 표현한다. 또한 '너는 무엇을 하기를 원하니?'라고 말할 때, 동사원형과 결합하여 Что ты хо́чешь де́лать?라고 표현한다.

Кем вы хоти́те стать? 당신은 무엇이 되길 원하십니까?

2 나는 배우가 되고 싶어.
Я хочу́ стать арти́сткой.

자신의 미래 꿈을 이야기 할 때 Я хочу́ стать 다음에 직업명의 조격을 사용한다.

Я хочу́ стать учи́телем. 나는 교사가 되고 싶다.
Я хочу́ стать перево́дчиком. 나는 통역사가 되고 싶다.
Я хочу́ стать врачо́м. 나는 의사가 되고 싶다.

Антон	**А кем ты хо́чешь стать?**
	아 껨 뜨이 호체쉬 스따찌
Вера	**Я хочу́ стать арти́сткой.**
	야 하추 스따찌 아르찌스뜨꼬이
Антон	**Как ты ду́маешь, у тебя́ есть тала́нт?**
	깍 뜨이 두마에쉬 우 찌뱌 예스찌 딸란트
Вера	**Не зна́ю, есть ли у меня́ тала́нт.**
	네 즈나유 예스찌 리 우 미냐 딸란트
	Но я о́чень люблю́ кино́.
	노 야 오첸 류블류 끼노

хоте́ть	원하다
стать (+조격)	~이 되다
компью́терный	컴퓨터의
программи́ст	프로그래머
совреме́нный	현대의
популя́рный	인기있는
профе́ссия	직업
арти́ст(ка)	배우
как	어떻게
ду́мать	생각하다
тала́нт	재능
кино́	영화

베라	안톤! 너는 뭐가 되고 싶니? [1]
안톤	난 컴퓨터 프로그래머가 되고 싶어.
베라	오! 그건 현대적인 인기 직종이야.
안톤	그런데 넌 뭐가 되고 싶니?
베라	나는 배우가 되고 싶어. [2]
안톤	너한테 재능이 있다고 생각하니?
베라	내게 재능이 있는지는 잘 모르겠어. [3]
	하지만 난 영화를 무척 좋아해.

3 내게 재능이 있는지는 잘 모르겠어.

Не зна́ю, есть ли у меня́ тала́нт.

의문소사 ли는 묻고 싶은 말 뒤에 붙여 간접의문문을 만드는 데 사용한다.

Я хочу́ знать, есть ли у вас свобо́дное вре́мя?
저는 당신이 시간이 있는지 알고 싶습니다.

Я не зна́ю, чита́ет ли он моё письмо́.
나는 그가 내 편지를 읽었는지 모른다.

1 동사 хотеть 사용법

동사 хоте́ть는 '원하다'라는 뜻을 가지며, 명사 대격이나 동사원형 등과 결합한다.

Я	хочу́	Мы	хоти́м
Ты	хо́чешь	Вы	хоти́те
Он	Она́ хо́чет	Они́	хотя́т

1. 명사 대격과 결합

Что ты хо́чешь?   너는 무엇을 원하니?

Что вы хоти́те?   당신은 무엇을 원하십니까?

Я хочу́ зелёный чай.   나는 녹차를 원합니다.

Он хо́чет ко́фе.   나는 커피를 원합니다.

Мы хоти́м торт.   우리는 케이크를 원합니다.

Они́ хотя́т молоко́.   그들은 우유를 원한다.

2. 동사원형과 결합

주로 완료상 동사와 결합한다. ▶ 완료상 동사에 대해서는 12과 참고

Что ты хо́чешь сде́лать?   너는 무엇을 하고 싶니?

Что вы хоти́те сде́лать?   당신은 무엇을 하고 싶나요?

Я хочу́ пойти́ в кино́.   나는 영화관에 가고 싶다.

Ты хо́чешь попи́ть пи́во?   너 맥주 마시고 싶니?

Мы хоти́м отдохну́ть.   우리는 쉬고 싶다.

Они́ хотя́т купи́ть компью́тер произво́дства Самсунг.
그들은 삼성 컴퓨터를 사고 싶어 한다.

동사 **стать**는 조격과 결합하여 '~이 되다'를 표현한다.

Кем ты хо́чешь стать?	너는 무엇이 되고 싶니?
Кем вы хоти́те стать?	당신은 무엇이 되고 싶습니까?

Я ста́ну Веб-дизайнером.	나는 웹디쟈이너가 될 것이다.
Я хочу́ стать перево́дчиком.	나는 통역사가 되고 싶습니다.
Я хочу́ стать журна́листом.	나는 기자가 되고 싶습니다.
Я хочу́ стать юри́стом.	나는 법률가가 되고 싶다.
Она́ хо́чет стать диплома́том.	그녀는 외교관이 되고 싶어한다.
Он хо́чет стать бизнесме́ном.	그는 사업가가 되길 원한다.

③ **ли 사용법**

1. 의문소사 ли

의문소사 **ли**는 묻고 싶은 말 뒤에 붙여 간접의문문을 만드는 데 사용된다.

Я не зна́ю, есть ли у вас маши́на.	저는 당신이 차가 있는지 모릅니다.
Я хочу́ знать, де́лает ли он дома́шние зада́ния.	나는 그가 숙제를 했는지를 알고싶다.

2. 접속사 ли

'~하든(가) ~하든(가)'의 의미를 나타내며, 주로 관계되는 말의 바로 뒤에 위치하면서 의문을 나타낸다.

Был ли он, не был ли	그가 왔는가. 오지 않았는가
Сего́дня ли, за́втра ли	오늘 또는 내일

1. 다음 хотеть 동사를 인칭 변화 하세요.

❶ Я __________ зелёный чай.

❷ Что ты __________ кушать?

❸ Он __________ стать журналистом.

❹ Мы __________ учиться в России.

❺ Кем вы __________ стать?

❻ Они __________ пойти в театр.

2. 다음에 알맞은 격 형태를 넣으세요..

❶ Я хочу стать (переводчик).

❷ (Что) ты хочешь делать?

❸ (Кто) Алексей хочет стать?

❹ Мы хотим (мороженое).

❺ Вы хотите стать (бизнесмен).

3. 보기에 주어진 단어를 사용하여 다음 질문에 러시아어로 답하세요.

> Образец : салат. борщ, кофе, кола, сок, чёрный хлеб, торт;
> юридист, инженер, учитель, врач, артист, переводчик;
> играть в пинг-понг, пойти на концерт, гулять,
> смотреть фильм, работать в Интернете

❶ Что вы хотите? ______________________________

❷ Что ты хочешь попить? ______________________________

❸ Что вы хотите делать вечером? ______________________________

❹ Что ты хочешь делать хочешь после работы?

____

❺ Кем вы хотите стать? ______________________________

❻ Кем ты хочешь стать? ______________________________

4. 다음 두 문장을 보기와 같이 간접의문문으로 만드세요.

Образец : Я хочу знать…

Анна идёт на урок?

→ Я хочу знать, идёт ли Анна на урок.

❶ Скажите мне, пожалуйста…

У вас есть время?

→ ____

❷ Я хочу знать…

Он читает доклад.

→ ____

❸ Родители хотят знать…

Мои дела идут хорошо.

→ ____

❹ Я не знаю…

У меня есть способность к языку.

→ ____

5. 다음을 러시아어로 옮기세요.

❶ 나는 중앙아시아에서 사업을 하고 싶다. → _______________________________

❷ 당신은 무엇이 되고 싶습니까? → _______________________________

❸ 나는 작가가 되고 싶습니다. → _______________________________

❹ 그는 애플 컴퓨터를 사고 싶어한다. → _______________________________

❺ 내가 러시아에 갈 기회가 있을지 모르겠다. → _______________________________

꿈 & 희망사항

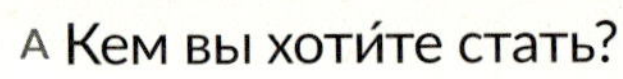

A Кем вы хоти́те стать?	당신은 무엇이 되고 싶습니까?
B Я хочу́ стать журна́листом.	나는 기자가 되고 싶습니다.
A Кем ты хо́чешь стать?	너는 무엇이 되고 싶니?
B Я хочу́ стать бизнесме́ном.	나는 비즈니스맨이 되고 싶어.
A Кем вы хоти́те стать?	당신은 무엇이 되고 싶습니까?
B Я хочу́ стать худо́жником.	나는 화가가 되고 싶습니다.
A Кем ты хо́чешь стать?	너는 무엇이 되고 싶니?
B Я хочу́ стать диза́йнером.	나는 디자이너가 되고 싶어.
A Кем вы хоти́те стать?	당신은 무엇이 되고 싶습니까?
B Я хочу́ стать врачо́м.	나는 의사가 되고 싶습니다.
A Что вы хоти́те?	무엇을 원하십니까?
B Я хочу́ ко́фе.	커피를 원합니다.
A Что ты хо́чешь?	무엇을 원하니?
B Я хочу́ чай.	차를 원해.
A Что вы хоти́те сде́лать?	무엇을 하고 싶습니까?
B Я хочу́ поспать.	자고 싶습니다.
A Что ты хо́чешь сде́лать?	무엇을 하고 싶니?
B Я хочу́ посмотре́ть телеви́зор.	TV 보고 싶어.
A Что вы хоти́те сде́лать?	무엇을 하고 싶습니까?
B Я хочу́ пойти́ в теа́тр.	극장에 가고 싶습니다.

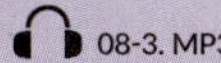
08-3. MP3

журнали́ст	기자
бизнесме́н	사업가
дире́ктор	사장
диплома́т	외교관
юри́ст	법률가
со́лдат	군인
спортсме́н	운동선수
худо́жник	화가
диза́йнер	디자이너
музыка́нт	음악가
певе́ц(-ви́ца)	가수
арти́ст(-ка)	배우

компью́терный программи́ст	컴퓨터 프로그래머
ИТ- специали́ст	IT 전문가
реда́ктор	편집장
ди́ктор	아나운서
по́иск рабо́ты	구직
рекла́ма рабо́ты	구인광고
объявле́ние о рабо́те	취업광고
иска́ть рабо́ту	일자리를 찾다
устро́иться на рабо́ту	취업하다
рабо́чий стаж	경력
зарпла́та	월급

режиссёр	감독
продю́сер	프로듀서
инжене́р	엔지니어
врач	의사
медсестра́	간호사
учи́тель	교사
преподава́тель(-ница)	강사
профе́ссор	교수
перево́дчик	통역사

вре́менная рабо́та	임시직
регуля́рная рабо́та	정규직
разреше́ние на рабо́ту	취업허가서
рабо́чий день	근무일
резюме́	자기소개서

"어떤 일을 해면 좋을까요?"
Топ-10 наиболее популярных професий в России

세계화와 인터넷, 디지털 기술의 발전으로 러시아 또한 직업의 선호도 변화와 고용구조의 지각 변동을 겪고 있다. 현대 러시아에서 인기가 높고 연봉이 높은 직업은 무엇일까? 현대 러시아의 인기직업 Top 10 을 소개하면 다음과 같다.

10위는 평균 연봉 25,000루블을 벌어들이는 프리랜서이다. IT 기술 발전으로 매일 출근할 필요 없이 재택 근무가 가능하며, 직장에서 해고당할 불안도 없고, 자유롭고 독립적인 환경에서 일할 수 있다는 장점이 있어서 러시아인들은 프리랜서 직업을 선호한다. 9위는 판매직 매니저로 평균 연봉 30,000~60,000 루블을 받는다. 고객 서비스, 소통 능력, 프로 정신에 따라 연봉 수준이 달라지며, 러시아에서 앞으로 10년 동안도 계속 인기 직업으로 남을 것으로 전망되고 있다. 8위는 나노 기술, 바이오 기술 전문가로 평균 연봉 50,000루블이다. 러시아에선 해당 분야의 전문인력이 부족한 상황이어서 앞으로 더 전도유망하다. 7위는 마케팅 전문가로 연봉이 평균 50,000루블이며, 마케팅 분야 이사 연봉은 30,000루블부터 시작된다. 6위는 회계사로 평균 연봉 40,000~60,000루블이다.

5위는 평균 연봉 40,000~200,000루블을 받는 웹 프로그래머와 웹 디자이너로, 러시아에선 가장 인기 있는 직업 중 하나이다. 4위는 엔지니어로 평균 연봉 35,000~60,000루블을 받으며, 산업 생산 분야의 전문인력 부족으로 수요가 늘어나는 분야이다. 3위는 평균 연봉 45,000–70,000루블을 받는 전문 의료진이다. 2위는 프로그래머로 평균 연봉 50,000–80,000루블을 받는다. 1위는 법률가이다. 평균 연봉 40,000~120,000루블을 받으며, 인기 직업 1위로 선정되었다.

PHOTO Akimov Igor / Shutterstock.com
PHOTO Pavel L Photo and Video / Shutterstock.com
PHOTO ID1974 / Shutterstock.com
PHOTO Pavel L Photo and Video / Shutterstock.com

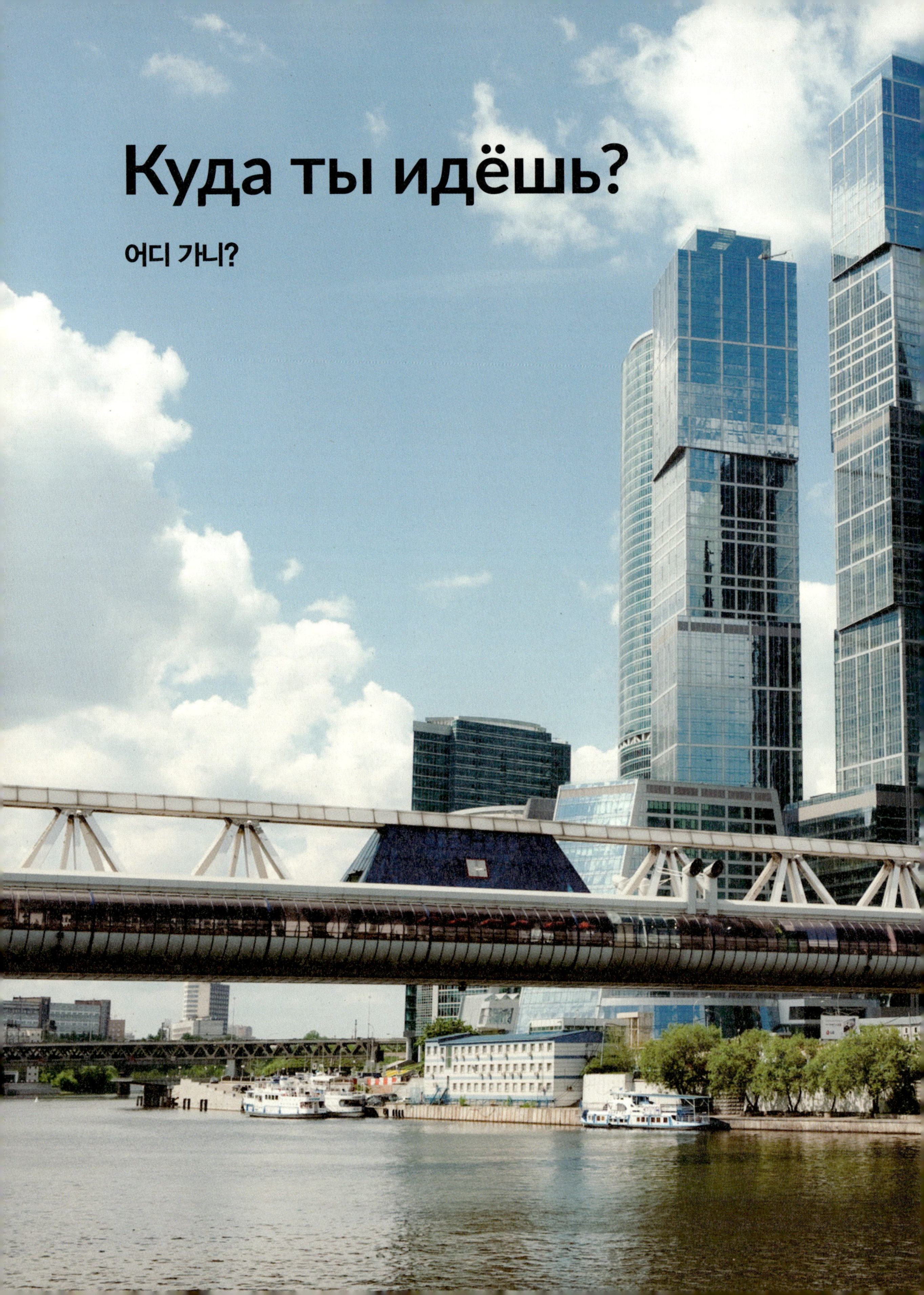

Куда ты идёшь?
어디 가니?

УРОК
9

- 동작동사 (1) идти와 ехать
- 의문대명사 куда́
- 동작동사와 행위의 목적 표현
- 접속사 а 사용법
- куда́ 사용법

Петя	**Приве́т, Ира!**
	쁘리베트. 이라
Ира	**Приве́т, Петя!**
	쁘리베트. 뻬쨔
Петя	**Куда́ ты идёшь?**
	꾸다 뜨이 이죠쉬
Ира	**Я иду́ в шко́лу. А куда́ ты идёшь?**
	야 이두 프쉬꼴루 아 꾸다 뜨이 이쇼쉬

만세
포인트

1 어디 가는 길이야?
Куда́ ты идёшь?

'행선지'를 묻고자 할 때, 의문대명사 куда́를 사용하여 질문한다. 걸어서 갈 때는 동사 идти를 사용하고, 차를 타고 갈 때는 동사 е́хать를 사용한다. '어디 가십니까?'라고 물을 때는 Куда́ вы идёте?라고 한다. 차를 타고 가는 행선지를 물을 때는 다음과 같이 표현한다.

Куда́ ты е́дешь? 어디 가니?
Куда́ вы е́дете? 어디 가십니까?

2 스타디움에 갈 거야.
Я е́ду на стади́он.

'걸어서 가다'를 의미하는 동작동사 идти와 '차를 타고 가다'를 의미하는 동작동사 е́хать는 방향을 나타내는 전치사 в나 на를 동반한 장소 표현과 결합한다. 장소를 의미하는 명사는 대부분 전치사 в와 결합하고, конце́рт(음악회), ры́нок(시장), уро́к(수업)과 같은 몇몇 명사는 전치사 на와 결합한다.

Я иду́ в шко́лу. 나는 학교에 간다.
Я иду́ в магази́н. 나는 상점에 간다.
Я иду́ на конце́рт. 나는 음악회에 간다.
Я е́ду в центр. 나는 시내에 간다.
Я иду́ на уро́к. 나는 수업에 간다.

Петя	**Я иду́ к авто́бусной остано́вке.** 야 이두 끄 아프또부스노이 아스따노프께
	Е́ду на стади́он 예두 나 스따지온
Ира	**Заче́м ты е́дешь на стади́он?** 자쳄 뜨이 예제쉬 나 스따지온
Петя	**Я е́ду туда́ смотре́ть футбо́льный матч** 야 예두 뚜다 스마뜨레찌 풋볼느이 맛치
	Спарта́к – Дина́мо. 스빠르딱 지나모

куда́ 어디로
идти́ (걸어서) 가다
к (+여격) ~쪽으로
авто́бусная остано́вка 버스정류장
е́хать (차를 타고) 가다
стади́он 스타디움
заче́м 무엇 때문에
футбо́льный матч 축구경기

페쨔	안녕, 이라!
이라	안녕, 페쨔!
페쨔	어디 가는 길이야? [1]
이라	학교 가는 길이야. 넌 어디 가니?
페쨔	난 버스정류장으로 가고 있어. 스타디움에 갈거야. [2]
이라	스타디움에 왜 가니? [3]
페쨔	스파르탁과 지나모 축구경기 보려고.

3 스타디움에 왜 가니?

Заче́м ты е́дешь на стади́он?

행위의 목적이나 이유를 물어 볼 때 의문사 заче́м을 사용한다. '상점에 왜 가니?'라고 물을 때 Заче́м ты идёшь в магази́н.라고 표현한다. '빵을 사러 간다'고 답변하려면 동작동사 다음에 동사원형을 사용하여 행위의 목적을 나타낸다. 또는 전치사 за + 명사 조격을 사용하여 답변할 수 있다. '나는 빵 사러 상점에 간다'를 다음과 같이 표현할 수 있다.

Я иду́ в магази́н купи́ть хлеб.
Я иду́ в магази́н за хле́бом.

1 동작동사 (1) идти와 ехать

1. 동작동사 идти́

동작동사 идти́는 목적지를 향해 일정한 방향으로 걸어가는 동작을 나타낸다. 방향을 나타내는 표현, 전치사 в나 на + 대격과 결합한다.

Куда́ вы идёте?	당신은 어디 가십니까?
Я иду́ в магази́н.	전 상점에 가고 있습니다.

Куда́ ты идёшь?	너는 어디 가니?
Я иду́ на по́чту.	난 우체국 가고 있어.

주어	동사 идти	방향 표현
Я	иду́	в шко́лу
Ты	идёшь	в теа́тр
Он / Она́	идёт	в магази́н
Мы	идём	на уро́к
Вы	идёте	на конце́рт
Они́	иду́т	на по́чту

2. 동작동사 éхать

'차를 타고 가다'를 의미하며, 목적지를 향한 일정한 방향의 동작을 나타낼 때는 동사 ехать를 사용한다.

Куда́ вы е́дете?	어디 가십니까?
Я е́ду в универма́г.	백화점에 갑니다.

주어	동사 *éхать*	방향 표현
Я	éду	в центр
Ты	éдешь	в универмáг
Он / Онá	éдет	в шóпинг центр
Мы	éдем	на стадиóн
Вы	éдете	на рабóту
Они́	éдут	на аэропóрт

2 의문대명사 кудá

의문대명사 кудá는 '어디로'의 의미를 갖는다. 대답할 때는 방향을 나타내는 부사 또는 방향을
나타내는 표현, 전치사 в나 на + 대격과 결합한다

Кудá ты идёшь?	어디 가니?
Я иду́ домóй.	집에 가.
Кудá Иван идёт?	이반은 어디 가니?
Он идёт на урóк.	수업 가는 중이야.
Кудá вы éдете?	어디 가십니까?
Я éду на рабóту.	출근합니다.

3 동작동사와 행위의 목적 표현

'~하기 위해서 ~에 간다'라는 표현을 할 때 동작동사 다음에 동사원형을 사용하거나 [за + 조격]을
사용한다.

Я иду́ на по́чту посла́ть дру́гу посы́лку. 나는 친구에게 소포 부치러 우체국에 간다.

Я иду́ домо́й отдыха́ть. 나는 쉬러 집에 간다.

Мы е́дем в центр купи́ть холоди́льник. 우리는 냉장고 사러 시내에 간다.

Он е́дет на стади́он игра́ть в футбо́л. 그는 축구하러 스타디움에 간다.

Они иду́т в библиоте́ку взять кни́ги (за кни́гами). 그들은 책을 빌리러 도서관에 간다.

4 접속사 а 사용법

а는 대조의 의미를 나타내는 접속사이다.

Я рабо́таю, а брат отдыха́ет.
나는 일을 하는데, 형은 쉬고 있다.

Она́ не до́ма, а на рабо́те.
그녀는 집이 아니라, 직장에 있다.

Сего́дня хо́лодно, а ма́ма собира́ется вы́йти без пальто́.
날씨가 추운데, 엄마는 외투를 걸치지 않고 나가려 한다.

Я хочу́ не ко́фе, а чай.
나는 커피가 아니라, 차를 원한다.

5 куда́ 사용법

1. 의문사

'어디로'의 행위 방향을 물어볼 때 사용한다.

Куда́ ты идёшь?　　　너는 어디로 가느냐?

Куда вы идёте?　　　당신은 어디로 가십니까?

2. 부사

회화체에서 '무엇 때문에' '무엇을 위해'를 물을 때 사용한다.

Куда́ тебе́ сто́лько книг?　　무엇에 그렇게 많은 책이 필요합니까?

Куда́ вам мно́го де́нег?　　당신은 무엇 때문에 많은 돈이 필요합니까?

3. 관계사

'~하는 곳으로'를 의미하는 관계사로 사용된다.

Дом, куда́ он пересели́лся, нахо́дится в це́нтре го́рода.

그가 이사한 집은 시내에 있다.

Иду́, куда́ ну́жно.

필요한 곳으로 나는 간다.

4. 부사

회화체에서 '어디나' '어디론가'를 표현한다.

Е́сли куда́ пойдёте, скажи́те мне.

만일 어디나 가려거든 나에게 이야기 하시오.

1. 다음에 알맞은 격 형태를 넣으세요.

❶ Сейчас я иду в (библиотека).

Я учусь в (библиотека).

❷ Он идёт на (концерт).

Он на (концерт).

❸ Ты едешь в (центр города)?

Ты работаешь в (центр города)?

❹ Они живут в (Москва).

Они едут в командировку в (Москва).

2. 다음 상황에 맞게 동사 идти나 ехать를 넣으세요.

❶ Я _________ в магазин за фруктами.

❷ Отец _________ в парк гулять.

❸ Мой друг _________ в Россию учиться русской литературе.

❹ Наш директор _________ в Европу встретиться с бизнес-партнером.

❺ Летом мы _________ на дачу на отпуск.

3. 다음 보기의 표현을 사용하여 질문에 러시아어로 답하세요.

> Образец : взять книги, купить подарок, смотреть футбольный
> матч, учиться русскому языку, встретиться с другом,
> отправить посылку

❶ Зачем ты едешь в универмаг? _________________________________

❷ Зачем вы едете в Сант-Петербург? _________________________________

❸ Зачем ты идёшь в библиотеку? _______________________

❹ Зачем твой брат едет на стадион? _______________________

❺ Зачем ты идёшь на метро станцию? _______________________

❻ Зачем вы идёте на почту? _______________________

4. 다음을 보기와 같이 바꾸세요.

> Образец : Он идёт в магазин купить хлеб.
>
> → Он идёт в магазин за хлебом.

❶ Я иду на рынок купить мясо.

→ _______________________

❷ Коля идёт в в библиотеку взять книги.

→ _______________________

❸ Моя сестра идёт на почту отправить письмо.

→ _______________________

❹ Мы идём в магазин купить вино.

→ _______________________

5. 다음을 러시아어로 옮기세요.

❶ 사장님이 어디에 가셨는지 말씀해 주세요. → _______________________

❷ 그는 지금 직장에 가고 있다. → _______________________

❸ 나는 컴퓨터를 사러 전자제품 대리점에 가고 있다. → _______________________

❹ 삼촌은 미국 출장 가신다. → _______________________

❺ 나는 러시아에 연수하러 간다. → _______________________

A Куда́ ты идёшь? 너는 어디 가니?
B Я иду́ в клуб. 클럽에 가.

A Куда́ вы идёте? 어디 가십니까?
B Я иду́ на уро́к ру́сского языка́. 러시아어 수업 갑니다.

A Куда́ ты идёшь? 너는 어디 가니?
B Я иду́ на по́чту. 우체국에 가.

A Куда́ вы идёте? 어디 가십니까?
B Я иду́ на конце́рт. 음악회 갑니다.

A Куда́ ты е́дешь? 너는 어디 가니?
B Я е́ду в центр. 시내에 가.

A Куда́ вы е́дете? 어디 가십니까?
B Я е́ду на рабо́ту. 직장에 갑니다.

A Куда́ ты е́дешь? 너는 어디 가니?
B Я е́ду в аэропо́рт. 공항 가.

A Куда́ вы е́дете? 어디 가십니까?
B Я е́ду в университе́т. 대학에 가.

A Заче́м ты идёшь в магази́н? 상점에 왜 가니?
B Я иду́ в магази́н купи́ть вино́. 포도주 사러 가.

A Заче́м вы идёте на ры́нок? 시장에 왜 가시나요?
B Я иду́ на ры́нок купи́ть мя́со. 고기 사러 시장에 갑니다.

A Заче́м вы е́дете в универма́г? 백화점에 왜 가십니까?
B Я е́ду в универма́г купи́ть о́бувь. 신발 사러 가요.

A Заче́м ты идёшь в библиоте́ку? 도서관에 왜 가니?
B Я иду́ в библиоте́ку взять кни́ги. 책 빌리러 가.

A Заче́м ты идёшь на по́чту? 우체국에 왜 가니?
B Я иду́ на по́чту отпра́вить посы́лку. 소포 부치러 가.

прийти́	(걸어서) 도착하다
приéхать	(차를 타고) 도착하다
пойти́	(걸어서 목적지를 향해) 가다
поéхать	(차를 타고 목적지를 향해) 가다
подойти́	(걸어서 목적지를 향해) 다가가다
подъéхать	(차를 타고 목적지를 향해) 다가가다
вы́йти	(걸어서 안에서 밖으로) 나가다
вы́ехать	(차를 타고 안에서 밖으로) 나가다
зайти́	(걸어서) 들르다
заéхать	(차를 타고) 들르다
отойти́	(걸어서) 출발하다

доéхать до ближа́йшей ста́нции метро́	가까운 지하철역까지 가다
éхать на рабо́ту	출근하다
éхать на авто́бусе (авто́бусом)	버스로 가다
éхать на метро́	지하철로 가다
éхать на трамва́е (трамва́ем)	전차로 가다
éхать на тролле́йбусе (тролле́йбусом)	무궤도 전차로 가다
éхать на маши́не (маши́ной)	승용차로 가다
éхать на такси́	택시로 가다
по́льзоваться обще́ственным тра́нспортом	대중교통을 이용하다

отъéхать	(차를 타고) 출발하다
уйти́	(걸어서) 떠나다
уéхать	(차를 타고) 떠나다
сле́дующий авто́бус, по́езд, самолёт	다음 버스, 기차, 비행기
после́дний авто́бус, по́езд, самолёт	마지막 버스, 기차, 비행기
отправля́ться	출발하다
опа́здывать	연착하다
попа́сть в центр	시내에 가다
пройти́ на Пу́шкинсууую у́лицу	푸시킨 거리에 가다

по́льзоваться двумя́ ви́дами тра́нспорта	두 가지 교통수단을 이용하다
обще́ственный тра́нспорт	대중교통
по́льзоваться авто́бусом	버스를 이용하다
по́льзоваться маши́ной	승용차를 이용하다
предпочита́ть метро́	지하철을 선호하다
де́лать переса́дку	갈아타다
прямо́й рейс	직행
брони́рование	예약
биле́т	표
биле́т в оба́ конца́	왕복표

국립박물관

"아주 크고, 아주 오래된 에르미타주 박물관"
Государственный Эрмитаж

러시아는 에카테리나 2세 여제 때에 문화의 황금기를 맞는다. 여제는 겨울 궁전을 프랑스어로 '에르미 따쥐(은둔지, 인적이 없는 방)'라고 즐겨 불렀는데, 이것이 에르미타주 박물관 명칭의 유래이다. 상트페 테르부르크의 명소인 에르미타주 박물관은 영국 대영 박물관, 프랑스 루브르 박물관과 더불어 세계 3대 박물관에 꼽히는 세계 문화예술 유산의 창고이다. 에르미타주는 바로크 스타일의 '겨울 궁전'과 네 개의 건물이 하나로 연결되어 있다. 유럽의 유명 박물관에 약탈한 소장품이 많은 반면 에르미타주 박물관은 왕실이 수집한 작품을 소장하고 있다.

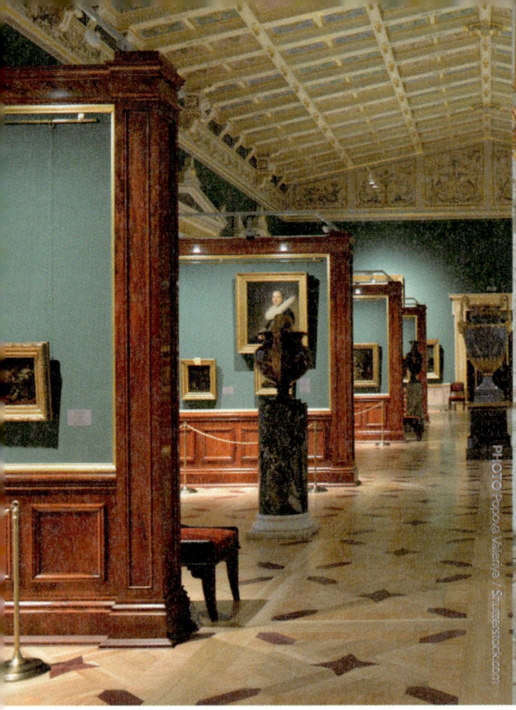

PHOTO Popova Valeriya / Shutterstock.com

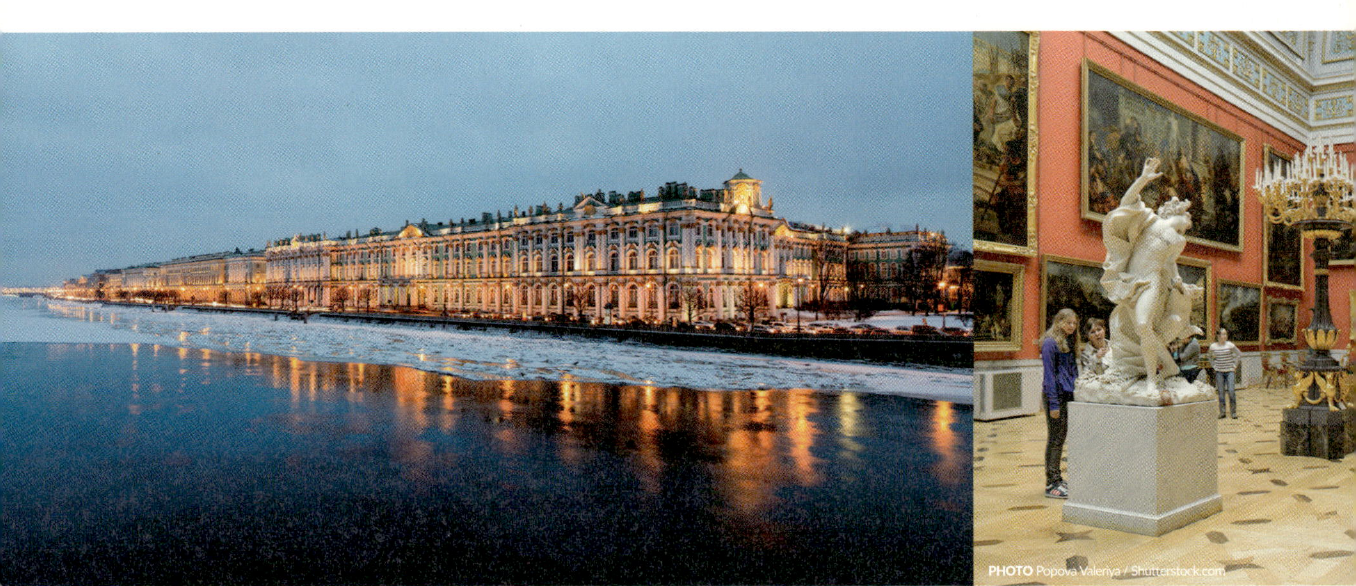

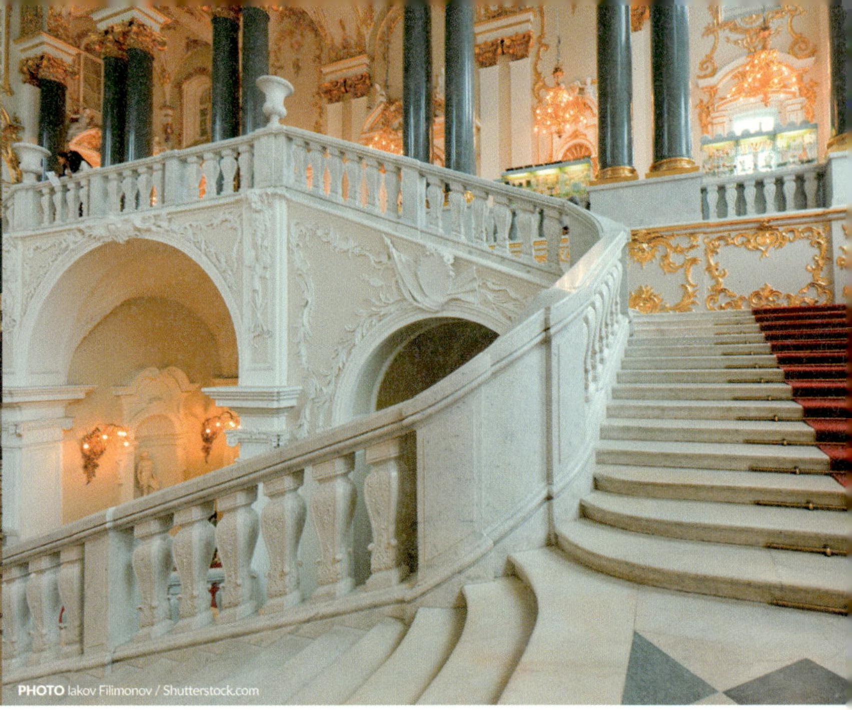

PHOTO Iakov Filimonov / Shutterstock.com

1922년부터 국립 에르미타주 박물관으로 명명된 이곳은 현재 1,020여 개의 방에 레오나르도 다빈치, 미켈란젤로, 라파엘로, 루벤스, 피카소, 고갱, 고흐, 르누아르 등의 명화가 전시되어 있고, 유럽에서 들여온 조각품과 이집트의 미라부터 현대의 병기에 이르는 고고학적 유물, 화폐와 메달, 의상, 장신구 등 300만 점의 소장품이 전시되어 있다. 만일 전시품 하나 관람에 1분을 투자한다면, 전체 소장품을 보는데 11년이 걸린다 할 정도로 엄청난 양의 작품을 소장하고 있는 전 세계에서 가장 큰 박물관이다.

PHOTO Popova Valeriya / Shutterstock.com

Я езжу на работу
на автобусе.
저는 버스로 출퇴근 합니다.

УРОК
10

- 동작동사 (2) ходи́ть와 е́здить
- 교통수단 표현
- Ну́жно 사용법

Соня　Где нахо́дится ва́ша рабо́та?
그제　나호짓짜　바샤　라보따

Иван　В це́нтре го́рода.
프　쩬뜨레　고로다

Соня　Как вы е́здите на рабо́ту?
깍크　브이　예지쩨　나　라보뚜

Иван　Я е́зжу на рабо́ту на авто́бусе.
야　예쥬　나　라보뚜　나　아프또부세

А где ва́ша рабо́та?
아　그제　바샤　라보따

Как вы е́здите на рабо́ту?
깍크　브이　예지쩨　나　라보뚜

만세
포인트

1 뭐 타고 출퇴근하세요?

Как вы е́здите на рабо́ту?

'출퇴근하다'라는 표현을 할 때는 차를 타고 다니는 반복, 왕복 동작을 나타내므로 동사 е́здить를 사용한다. 일정한 목적지를 향하는 동작을 나타낼 때는 동사 е́хать를 사용한다. '교통수단'에 대한 질문을 할 때는 의문사 как를 사용한다.

Как ты е́здишь на рабо́ту?　너는 뭐 타고 출근하니?
Как он е́дет в музе́й?　그는 뭐 타고 박물관에 가니?
Как вы е́дете в Пуса́н?　당신은 뭐 타고 부산에 가십니까?

2 버스로 출퇴근합니다.

Я е́зжу на рабо́ту на авто́бусе.

교통수단을 나타낼 때, на + 전치격 또는 조격을 사용한다. '나는 학교에 지하철을 타고 다닌다'라고 표현할 때 Я е́зжу в университе́т на метро́.라고 한다.

Я е́ду в центр на авто́бусе (авто́бусом).
나는 시내에 버스 타고 간다.

Я е́ду на аэропо́рт на такси́.　나는 공항에 택시 타고 간다.

Ты е́здишь домо́й на маши́не (маши́ной)?
너는 집에 승용차를 타고 다니니?

Соня	**Моя́ рабо́та далеко́ от до́ма.** 마야　라보따　딜레또　아뜨 도마
	Я живу́ за́ городом. 야　쥐부　자 고로돔
	Нет прямо́го сообще́ния. 니에트　쁘랴모보　삽쉐니야
	Мне ну́жно де́лать переса́дку. 므녜　누쥐노　젤라찌　뻬레 사뜨꾸
	Снача́ла на метро́, а пото́м на авто́бусе. 스나찰라　나　메뜨로　아 빠똠　나　아프또부세

находи́ться 위치하다
центр го́рода 시내
е́здить 타고 다니다
авто́бус 버스
далеко́ (от + 생격) ～에서 멀다
жить 살다
за́ городом 교외에
прямо́й 직접적인
сообще́ние 교통
ну́жно (+ 동사원형) ～해야 한다
де́лать переса́дку 갈아타다
снача́ла 먼저
метро́ 지하철
а пото́м 다음에

소냐	당신 직장은 어디입니까?
이반	시내에 있습니다.
소냐	뭐 타고 출퇴근하세요? [1]
이반	버스로 출퇴근합니다. [2] 당신 직장은 어디인가요? 뭐 타고 다니세요?
소냐	제 직장은 집에서 멉니다. 전 교외에 살아요. 직통이 없어요. 갈아타야 하지요. [3] 먼저 지하철을 타고, 그다음에 버스로 갑니다.

3 갈아타야 하지요.
Мне ну́жно де́лать переса́дку.

'～를 해야만 한다 / ～를 할 필요가 있다'라는 표현을 할 때 ну́жно + 동사원형을 사용한다.

Мне ну́жно взять такси́. 　나는 택시를 타야 한다.
Нам ну́жно учи́ться ру́сскому языку́. 　우리는 러시아어를 공부해야 한다.
Вам ну́жно рабо́тать и в суббо́ту? 　당신은 토요일에도 일해야 합니까?

1 동작동사 (2) ходи́ть와 е́здить

1. 동작동사 ходи́ть

동작동사 ходи́ть는 동작의 일정한 방향을 나타내지 않으며, 걸어서 가는 반복, 왕복 동작을 표현한다. 방향을 나타내는 표현, 전치사 в나 на + 대격과 결합한다.

Ка́ждый день я хожу́ в бассе́йн.	나는 매일 수영장에 다닌다.
Она́ хо́дит в шко́лу.	그녀는 학교를 다닌다.

주어	동사 ходить	방향 표현
Я	хожу́	в шко́лу
Ты	хо́дишь	в бассе́йн
Он/ Она́	хо́дит	в клуб
Мы	хо́дим	в теа́тр
Вы	хо́дите	на конце́рт
Они́	хо́дят	в библиоте́ку

2. 동작동사 е́здить

차를 타고 가는 동작, 반복 동작을 나타낼 때는 동사 е́здить를 사용한다. 방향을 나타내는 표현, 전치사 в나 на + 대격과 결합한다.

Ка́ждое ле́то я е́зжу в Росси́ю.	매년 여름 나는 러시아에 간다.
Ка́ждый день он е́здит на рабо́ту на метро́.	매일 그는 지하철로 출퇴근한다.

주어	동사 ездить	방향 표현
Я	е́зжу	в университе́т
Ты	е́здишь	в Росси́ю
Он / Она́	е́здит	в Коре́ю
Мы	е́здим	на рабо́ту
Вы	е́здите	домо́й
Они́	е́здят	в центр

2 교통수단 표현

교통수단을 표현하려면, 전치사 на + 전치격 또는 조격을 사용한다. 교통수단을 물으려면 의문사 как를 사용하여 Как вы е́дете?라고 질문한다.

Я е́ду за́ город на маши́не (маши́ной).
나는 교외에 차로 갑니다.

Я е́зжу на рабо́ту на авто́бусе (авто́бусом).
나는 버스로 출퇴근합니다.

Ка́ждый день я е́зжу в университе́т на метро́.
나는 매일 지하철로 통학한다.

Она́ е́дет в библиоте́ку на трамва́е (трамва́ем).
그녀는 도서관에 전차를 타고 간다.

3 Нужно 사용법

'~를 해야만 한다 / ~를 할 필요가 있다'라는 당위성을 표현할 때, [ну́жно + 동사원형]을 사용한다. 이때 의미상 주체는 여격으로 나타낸다. '나는 핸드폰을 사야 한다'를 러시아어로 말하려면, 행위의 주체는 여격 мне를 사용하고, 행위는 동사원형 купи́ть를 사용하여 Мне ну́жно купи́ть моби́льный телефо́н라고 표현한다.

Мне ну́жно де́лать дома́шние зада́ния.
나는 숙제를 해야 한다.

Нам ну́жно помога́ть А́фрике.
우리는 아프리카를 도와야 한다.

1. 다음 질문에 알맞은 의문사를 넣으세요.

❶ - __________ ты идёшь?

- Я иду в школу.

❷ - __________ вы работаете?

- Я работаю в институте.

❸ - __________ ты обычно ездишь на работу?

- Я езжу на работу на метро.

❹ - __________ вы едете?

- Мы едем на аэропорт.

2. 다음에 알맞은 동사를 골라 넣으세요.

❶ Сейчас я __________ в киоск.

Каждый день я __________ в бассейн. (идти / ходить)

❷ Он __________ в универмаг купить пиджак.

Он обычно __________ на работу на автобусе.(ехать / ездить)

❸ У меня нет времени, сейчас я __________ на урок.

Я __________ в средную школу. (идти / ходить)

❹ Куда ты __________?

Как ты обычно __________ домой? (ехать / ездить)

 **3.** 다음 문장을 보기처럼 바꾸세요.

> Образец : Я езжу на работу автобусом.
>
> → Я езжу на работу на автобусе.

❶ Он едет в Москву самолётом. → ___________________________

❷ Ты едешь в Киев поездом? → ___________________________

❸ Они ездят в университет трамваем. → ___________________________

❹ Я еду в центр троллейбусом. → ___________________________

 **4.** 다음에 알맞은 격 형태를 넣으세요.

❶ (Я) нужно читать доклад.

❷ (Ты) нужно помогать этому человеку.

❸ (Мы) нужно учиться русской культуре.

❹ (Вы) холодно?

❺ (Они) трудно работать без помощи.

5. 다음을 러시아어로 옮기세요.

❶ 나는 보통 지하철로 출퇴근한다. → ___________________________

❷ 그는 매일 스타디움에 간다. → ___________________________

❸ 집에서 학교까지 한 번에 가는 것이 없어서 갈아타야 한다.

→ ___________________________

❹ 그녀는 민스크에 비행기 타고 간다. → ___________________________

❺ 대중교통을 이용하는 것이 편리하다. → ___________________________

10-2. MP3

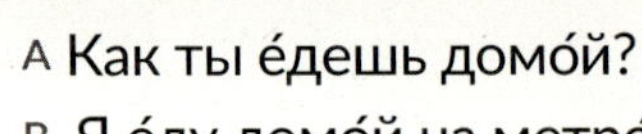

A Как ты е́дешь домо́й?　집에 뭐 타고 가니?
B Я е́ду домо́й на метро́.　지하철로 가.

A Как вы е́дете на рабо́ту?　직장에 뭐 타고 출근하나요?
B Я е́ду на рабо́ту на авто́бусе.　버스 타고 갑니다.

A Как ты е́дешь в центр?　시내에 어떻게 가니?
B Я е́ду в центр на такси́.　택시로 가.

A Как вы е́дете в шо́пинг центр?　쇼핑센터에 뭐 타고 가세요?
B На маши́не.　차로 갑니다.

A Как ты обы́чно е́здишь в университе́т?　보통 통학은 어떻게 하니?
B На метро́.　지하철로 해.

A Как вы обы́чно е́здите на рабо́ту?　출퇴근은 어떻게 하세요?
B На маши́не.　차로 합니다.

A Как ты обы́чно е́здишь домо́й?　집에 보통 뭐 타고 다니니?
B На авто́бусе.　버스 타고 다녀.

A Как ты е́дешь в Москву́?　모스크바에 뭐 타고 가십니까?
B Я лечу́ в Москву́ на самолёте (самолётом).　비행기로 갑니다.

A Как вы е́дете в Петербу́рг?　페테르부르크에 뭐 타고 가십니까?
B На по́езде (по́ездом).　기차로 갑니다.

A Как ты е́дешь по Золото́му кольцу́?　황금고리 도시는 어떻게 가니?
B На маши́не.　차로 가.

A Как вы е́дете в Ки́ев?　키예프는 어떻게 가니?
B Пока́ не зна́ю, как е́хать.　아직 뭐 타고 갈지 몰라.
　На самолёте или на по́езде.　비행기나 기차로 가겠지.

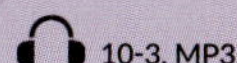

авиакомпа́ния	항공사
аэропо́рт	공항
аэропорто́вый сбор	공항세
прибы́тие	도착
вре́мя прибы́тия	도착시간
бага́ж	수하물
теле́жка	카터
оформле́ние и сда́ча багажа́	수하물 체크인
вы́дача багажа́	수하물 인도
поса́дочный тало́н	탑승권
аннули́ровать	취소하다
регистра́ция биле́тов	체크인

вы́ход на поса́дку	게이트
междунаро́дный рейс	국제선
приземле́ние	착륙
спаса́тельный жиле́т	구명조끼
пассажи́р(-ка)	승객
пило́т	조종사
контро́ль безопа́сности	안전검사
промежу́точная поса́дка	중간착륙
вы́лет	이륙
термина́л	터미널
сопровожда́ющее лицо́	동반자
допла́та	추가 요금
расписа́ние по́ездов	기차 시간표

переса́дка	환승
опозда́ние	연착
внну́тренний рейс	국내비행
магази́н беспо́шлинной торго́вли	면세점
запа́сный вы́ход	비상구
вы́нужденная поса́дка	비상착륙
переве́с багажа́	수하물 중량 초과
полёт	비행
стю́ард(-есса)	승무원

отправле́ние	출발
биле́тная ка́сса	매표소
стоя́нка такси́	택시 정류장
метро́	지하철
при́городные поезда́	교외선
ка́мера хране́ния	보관소
зал ожида́ния	대합실
вокза́л	기차역

모스크바의 지하철

"약속 시간에 늦지 마세요"
Московский метрополитен

러시아에서는 모스크바, 상트페테르부르크, 노보시비르스크 등 세 도시에 지하철이 운행된다. 지하철은 모스크바와 상트페테르부르크에서는 시민들의 편안한 발이 되고 있다. 특히 심각한 교통 체증 문제를 해결하기 위해 모스크바 시장의 '소뱌닌' 프로젝트를 추진 중인 모스크바에선 지하철만이 유일하게 약속 시간에 늦지 않게 도착할 수 있는 대중 교통 수단이다. 운행 간격은 1~2분에 한 대 꼴이며, 운행 속도는 시속 약 100km이다. 모스크바 북쪽 끝에서 남쪽 끝까지 한 시간이면 이동 가능하다.

모스크바 거리를 걷다 보면, 곳곳에 '메트로'의 약자 M자가 지주 눈에 띈다. 모스크바를 방문한 사람들은 이구동성으로 모스크바의 지하철이 무척 아름답고 편안하다고 말한다. 모스크바의 지하철역은 전 지역에 139개의 역이 거미줄처럼 뻗어있다. 환승 시스템도 편리하게 설계되어 있고, 역마다 독특한 장식품과 아름다운 벽화가 있어, 박물관에 온 듯한 느낌을 준다.

러시아 지하철의 에스컬레이터는 지하 100m를 내려갈 정도로 깊다. 거의 지하 100m의 깊이에서 지하철이 운행되고 있는데도 불구하고 유체역학 원리를 이용한 자연 환기 장치를 설치한 덕분에 공기가 나쁘지 않은 편이다. 러시아의 지하철이 깊게 설계된 이유는 모스크바 지역의 지반이 약해서라는 설과 전쟁을 대비하여 방공호로 이용하기 위해서라는 설이 있다. 후자의 설이 좀 더 근거가 있다고 한다.

Что ты делал
в субботу?
너 토요일에 뭐했니?

- 동사 과거시제 만들기
- 동사 быть의 과거시제 사용법

Виктор	Ната́ша! Что ты де́лала в суббо́ту?
Наташа	Весь день была́ до́ма, рабо́тала в Интерне́те.
	А что ты де́лал?
Виктор	Я игра́л в те́ннис.
Наташа	Ты ча́сто игра́ешь в те́ннис?
Виктор	Да. Я люблю́ игра́ть в те́ннис.
	А что ты лю́бишь? Како́е у тебя́ хо́бби?

1 너 토요일에 뭐 했니?
Что ты де́лал в суббо́ту?

주말에 한 일을 물어 볼 때는 의문사 что와 동사 де́лать의 과거 시제를 사용한다. 남성에게 물어 볼 때는 과거시제 남성형 де́лал을 사용하여 Что ты де́лал в суббо́ту?라고 한다. 여성에게 물어 볼 때는 과거시제 여성형 де́лала를 사용하여 Что ты де́лала в суббо́ту?라고 한다.

2 난 테니스 치는 것을 좋아해.
Я люблю́ игра́ть в те́ннис.

'~운동을 하다'라는 표현을 할 때는 игра́ть + в 대격을 사용한다.

Я игра́ю в футбо́л.   나는 축구를 한다.
Я игра́ю в баскетбо́л.   나는 농구를 한다.
Я игра́ю в пинг-по́нг.   나는 탁구를 친다.

Наташа	Како́е у меня́ хо́бби?
	Э́то тру́дный вопро́с!
	Пе́рвое хо́бби – э́то му́зыка.
	Я о́чень люблю́ слу́шать му́зыку.
	Второ́е хо́бби у меня́ – э́то компью́тер.

суббо́та 토요일
весь день 하루 종일
до́ма 집에서
интерне́т 인터넷
игра́ть в те́ннис 테니스를 치다
хо́бби 취미
тру́дный 어려운
вопро́с 질문
пе́рвый 첫 번째
второ́й 두 번째
слу́шать му́зыку 음악 감상하다

빅토르	나타샤! 너 토요일에 뭐했니? [1]
나타샤	하루 종일 집에서 인터넷 했어. 너는 뭐 했어?
빅토르	난 테니스 쳤어.
나타샤	테니스 자주 치니?
빅토르	응. 난 테니스 치는 걸 좋아해. [2]
	그런데 넌 뭘 좋아하니? 네 취미는 뭐니? [3]
나타샤	내 취미가 뭐냐고?
	어려운 질문인데!
	첫 번째 취미는 음악이야. 난 음악 감상을 무척 좋아해.
	두 번째 취미는 컴퓨터야.

3 네 취미는 뭐니? Како́е у тебя́ хо́бби?

취미를 묻는 표현이다. '당신 취미는 무엇입니까?'라고 물을 때는 Како́е у вас хо́бби?라고 한다.
хо́бби는 영어에서 온 외래어이고, 순수 러시아어 люби́мое де́ло나 люби́мое заня́тие 표현
을 사용하여 다음과 같이 취미를 물을 수 있다.

Что твоё люби́мое де́ло?
Что твоё люби́мое заня́тие?

1 동사 과거시제 만들기

동사의 과거시제는 남성, 여성, 중성, 복수의 네 가지 형태로 구분되며, 주어의 성, 수에 일치한다. 동사 과거형은 동사원형에서 -ть를 떼어내고, 어미에 남성형은 -л, 여성형은 -ла, 중성형은 -ло를 붙인다. 과거 복수형은 어미 -ли를 붙여 만든다.

Он чита́л журна́л.	그는 잡지를 읽었다.
Она́ чита́ла журна́л.	그녀는 잡지를 읽었다.
Они́ чита́ли журна́л.	그들은 잡지를 읽었다.

동사 과거시제는 현재시제와 달리 주어의 인칭에 따르지 않고, 주어에 성, 수에 일치시켜야 하는 점에 주의를 기울여야 한다. 따라서 1인칭과 2인칭 단수의 경우, 주어가 남성이냐 여성이냐에 따라 과거시제 어미 형태를 일치시킨다.

화자가 남자일 때 :	Я чита́л журна́л.	나는 잡지를 읽었다.
화자가 여자일 때 :	Я чита́ла журна́л.	
청자가 남자일 때 :	Ты чита́л журна́л?	너는 잡지를 읽었니?
청자가 여자일 때 :	Ты чита́ла журна́л?	

동사원형	과거시제 남성형	과거시제 여성형	과거시제 중성형	과거시제 복수형
чита́ть	чита́л	чита́ла	чита́ло	чита́ли
игра́ть	игра́л	игра́ла	игра́ло	игра́ли
говори́ть	говори́л	говори́ла	говори́ло	говори́ли
смотре́ть	смотре́л	смотре́ла	смотре́ло	смотре́ли
быть	был	была́	бы́ло	бы́ли

그런데 **вы**의 경우에는 성별, 단복수에 관계없이 항상 복수형을 사용한다.

Ива́н Ива́нович, вы чита́ли письмо́?	이반 이바노비치, 편지를 읽으셨습니까?
Ребя́та, вы чита́ли кни́гу?	여러분, 책 읽으셨나요?

2 동사 быть의 과거시제 사용법

동사 **быть**는 현재시제에서는 '~이다'의 의미를 가지며, 주로 생략되지만 과거시제에서는 주어의 성, 수에 따라 사용된다. **быть** 과거시제는 '~이었다, ~에 있었다'의 의미를 가지며, '~에 있었다'를 표현할 때는 장소의 표현, 즉 장소부사 또는 в, на + 전치격과 결합한다.

Вчера́ он был на уро́ке.	어제 그는 수업에 갔다 왔다.
Позавчера́ она́ была́ на конце́рте.	그제 그녀는 음악회에 갔다 왔다.
Зимо́й они́ бы́ли на да́че.	겨울에 그들은 별장에 있었다.

무인칭문 과거시제에는 항상 중성형 **бы́ло**가 사용된다.

Мне бы́ло хорошо́ на конце́рте.	나는 음악회에서 좋았었다.
Вчера́ тебе́ не бы́ло тру́дно?	어제 너 힘들지 않았니?
Вчера́ но́чью нам бы́ло о́чень интере́сно смотреть «Ёлку-2».	

어젯밤 우리는 «크리스마스 트리 2» 영화를 보아서 무척 재미있었다.

Но́чью бы́ло хо́лодно.	밤에 추웠다.
У́тром бы́ло тепло́.	아침엔 따뜻했다.

1. 니나의 지난주 생활계획표를 보고 질문에 답하세요.

Что Нина делала в понедельник, во вторник...?

10-16 апреля	
ПН	Библиотека
ВТ	Культурный парк
СР	Телевизор
ЧТ	Музей
ПТ	Теннис
СБ	Кино
ВС	Концерт

> Образец : В понедельник Нина работала в библиотеке.

❶ Что Нина делала в понедельник? → _______________________

❷ Что Нина делала во вторник? → _______________________

❸ Что Нина делала в среду? → _______________________

❹ Что Нина делала в четверг? → _______________________

❺ Что Нина делала в пятницу? → _______________________

❻ Что Нина делала в субботу? → _______________________

❼ Что Нина делала в воскресенье? → _______________________

2. 다음에 알맞은 동사 과거형을 넣으세요.

❶ Анна! Что ты (делать) в субботу?

❷ Мой научный руководитель (ехать) в Англию для участия в конференции.

❸ Вчера мама (звонить) мне.

❹ В воскресенье мои родители (быть) у дяди.

❺ Ребята, вы (читать) книгу?

3. 다음 질문에 보기의 표현을 사용하여 러시아어로 답하세요.

> Образец : музыка, кино, спорт, литература, чтение, собрание марок, компьютерные игры; слушать музыку, смотреть фильмы, ходить в театр, читать книги, собрать марки, играть в гольф, путешествовать

❶ Какое у вас хобби? → _______________________________

❷ Какое у тебя хобби? → _______________________________

4. 다음 문장을 보기처럼 과거시제로 바꾸세요.

> Образец : Сегодня идёт дождь. Мне холодно.
> → Вчера шёл дождь. Мне было холодно.

❶ Мне хорошо на концерте. → _______________________________

❷ Тебе не трудно? → _______________________________

❸ Ему интересно на уроке. → _______________________________

❹ Нам удобно работать на компьютере. → _______________________________

5. 다음을 러시아어로 옮기세요.

❶ 나는 어제 하루 종일 집에 있어서 따분했다. → _______________________________

❷ 어제 파티에서 재미있었나요? → _______________________________

❸ 네 취미는 뭐니? → _______________________________

❹ 내 취미는 웹툰 읽는 거야. → _______________________________

❺ 여름에 그들은 흑해에 다녀왔다. → _______________________________

🎧 11-2. MP3 **11**

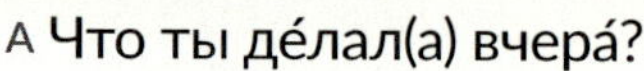

A Что ты де́лал(а) вчера́?　　너는 어제 뭐했니?
B Я смотре́л(а) фильм.　　영화 봤어.

A Что ты де́лал(а) в суббо́ту?　　너는 토요일에 뭐했니?
B Я смотре́л(а) бале́т.　　발레 봤어.

A Что вы де́лали в воскресе́нье?　　일요일에 뭐 하셨어요?
B Я игра́л(а) в те́ннис.　　테니스 쳤어요.

A Что вы де́лали в понеде́льник?　　월요일에 뭐 하셨어요?
B Я рабо́тал(а).　　근무했어요.

A Како́е у тебя́ хо́бби?　　넌 취미가 뭐니?
B Моё хо́бби – спорт.　　내 취미는 스포츠야.

A Како́е у вас хо́бби?　　취미가 뭐예요?
B Я люблю́ ходи́ть в теа́тр.　　극장 가는 것을 좋아합니다.

A Како́е у тебя́ хо́бби?　　넌 취미가 뭐니?
B Я люблю́ ходи́ть на конце́рты.　　음악회 가는 것을 좋아해.

A Како́е у вас хо́бби?　　취미가 뭐예요?
B Моё хо́бби – му́зыка.　　제 취미는 음악감상입니다.

A Како́е у тебя́ хо́бби?　　넌 취미가 뭐니?
B Моё хо́бби – компью́терные игры.　　내 취미는 컴퓨터 게임이야.

A Како́е у вас хо́бби?　　취미가 뭐예요?
B Моё хо́бби – литерату́ра.　　제 취미는 문학입니다.

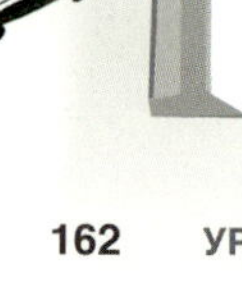
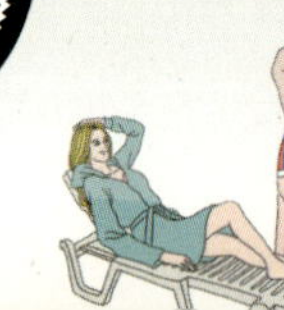

11-3. MP3

блюз	블루스
хор	합창
класси́ческая му́зыка	고전음악
компози́тор	작곡가
конце́рт	음악회
ка́мерный конце́рт	챔버 콘서트
конце́рт церко́вной му́зыки	교회음악 콘서트
симфони́ческий конце́рт	심포니 콘서트
дирижёр	지휘자
фолькло́р	포크
наро́дная му́зыка	민중음악
джаз	재즈
орке́стр	오케스트라
поп-му́зыка	팝 음악

жи́вопись	회화
ску́льптор	조각가
скульпту́ра	조각
ста́туя	조각상
сту́дия	스튜디오
стиль	스타일
те́хника	테크닉
ремесло́	목공예
византи́йский стиль	비잔틴 양식
классици́зм	고전주의
конструктиви́зм	구조주의
экпрессиони́зм	표현주의
импрессиони́зм	인상주의
романти́зм	낭만주의
социалисти́ческий реали́зм	사회주의 리얼리즘

рок-му́зыка	록 음악
рэп	랩
ре́гги	레게
певе́ц(-ица)	가수
соли́ст(-ка)	솔리스트
со́ул	소울
те́хно	테크노
архитекту́ра	건축
произведе́ние	작품
резна́я рабо́та	조각
диза́йн	디자인
вы́ставка	전시회
худо́жник	화가
карти́на	그림

супремати́зм	절대(지상)주의
символи́зм	상징주의
модерни́зм	모더니즘
постмодерни́зм	포스트모더니즘
футури́зм	미래주의
графи́ческое иску́сство	그래픽 미술
компью́терное иску́сство	컴퓨터 미술
церко́вное иску́сство	종교 예술
иску́сство эпо́хи Возрожде́ния	르네상스 시대 예술
ико́на	성상
иконопи́сец	성상 화가
и́конопись	성상 화술

명절 (1)

"행운이 깃들기를 기원합니다!"
Святки

겨울 명절 중에서 가장 인기 있는 것은 성탄절, 크리스마스 주간(스뱌트키), 주현절, 그리고 사육제이다. 스뱌트키는 성탄절 기간 중에 있는 명절로서 성스러운 저녁을 일컫는다. 성탄절은 스뱌트키가 시작되는 명절로서 러시아 민중들이 가장 좋아하는 명절 중의 하나이다. 성탄절은 시기적으로 동짓날(12월 25일)과 일치한다. 통상 크리스마스 주간은 12월 25일에 시작되어 다음 해 1월 5일까지 계속된다.

러시아에는 크리스마스 주간에 여러 가지 풍습과 의례 등이 행해졌고, 이러한 풍습은 이교와 기독교적 풍습들이 혼재되어 있다. 이중 점치기, 놀이, 희극적인 옷차림 등이 바로 이교의 전통이다. 소위 슬라블레니예(Славление)라고 부르는 아이들이(때로는 어른들도) 이 집 저 집을 돌아다니면서 명절을 축하하는 것도 중요한 풍습 중에 하나이다. 피터 1세는 여행에서 러시아로 돌아온 후에 자신의 조력자이자 선생인 조토브에게 로마 교황의 복장을 하게 하고, 자신의 총신들과 동료들은 추기경과 보제의 복장을 하게 하였다. 또한 그는 크리스마스 주간에 특별 합창단을 동행하여 귀족들의 집을 방문하여 그들을 축복해 주기도 하였다.

PHOTO Svetlana Jafarova / Shutterstock.com

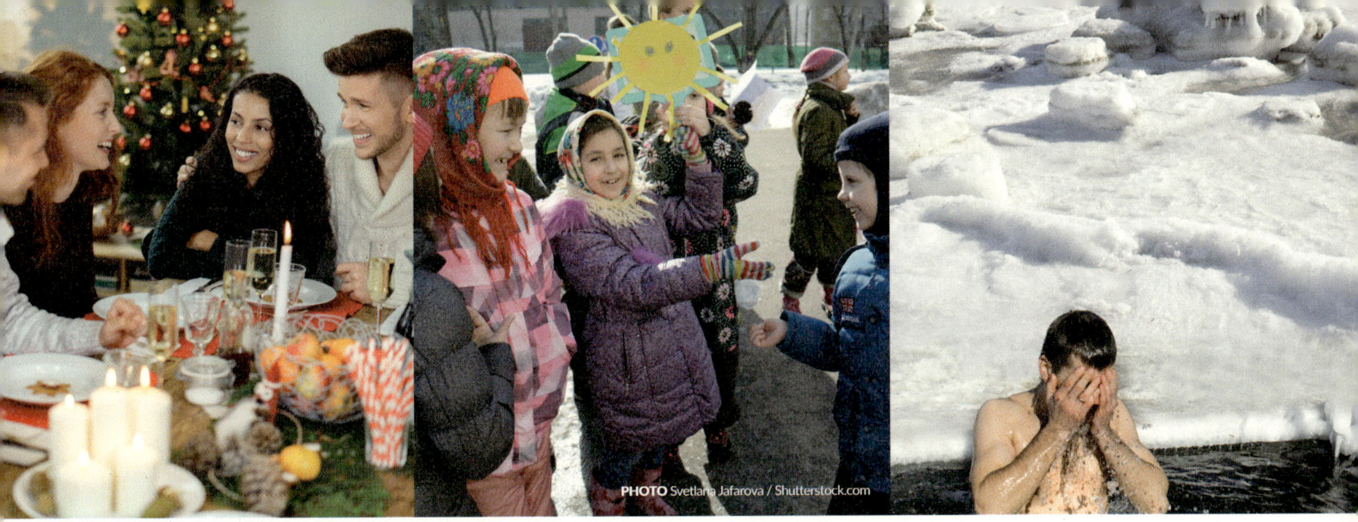

고대 슬라브인들은 스뱌트키 기간 중에 자연숭배와 관련된 축제를 벌였다. 고대 슬라브인들은 이 기간 중에 자연숭배, 부활, 봄의 도래와 백야 등과 관련된 명절을 만끽하였다. 중요한 것은 러시아인들의 신년 의례에는 고대 이교의 주술적 풍습인 봄·여름의 농사일과 관련된 의례로서 방문하는 집에 행복과 풍족한 음식이 항상 함께 하기를 기원하는 아주 많은 종류의 모티브가 있다는 사실이다.

그 의례는 방문하는 가정에 행운이 깃들기를 기원하는 일종의 주술적인 행위였기 때문에, 이 의례행위에 참여하는 아이들과 젊은이들에게는 언제나 선물이 주어졌다. 이 의례의 참가자들은 가축의 형상으로 만든 과자, 피로그(과일빵), 잼을 바른 과자 등과 같은 특별한 의례용 음식을 선물로 받았다.

PHOTO Altai / Shutterstock.com

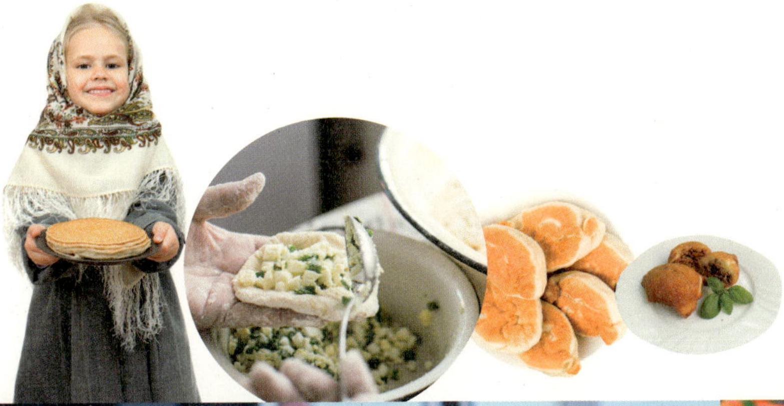

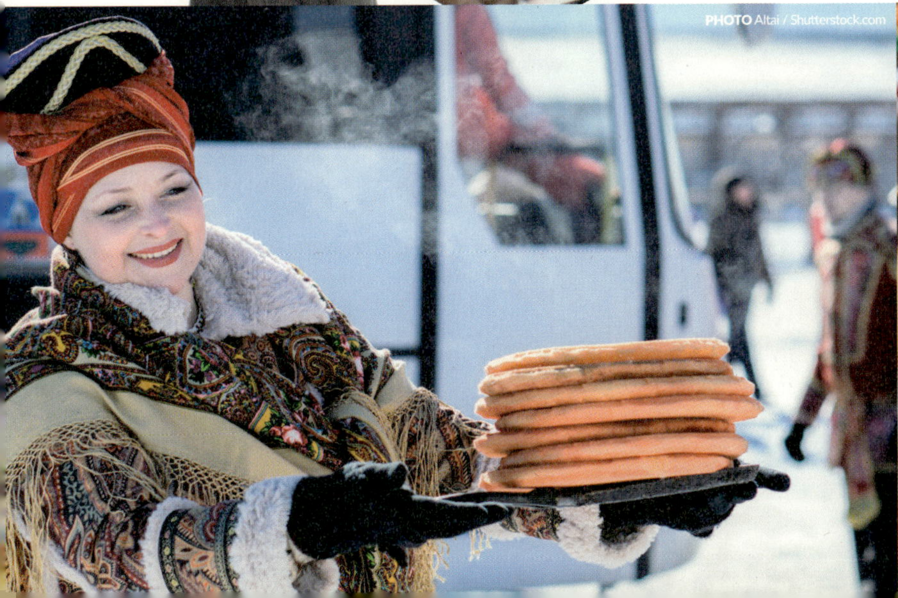

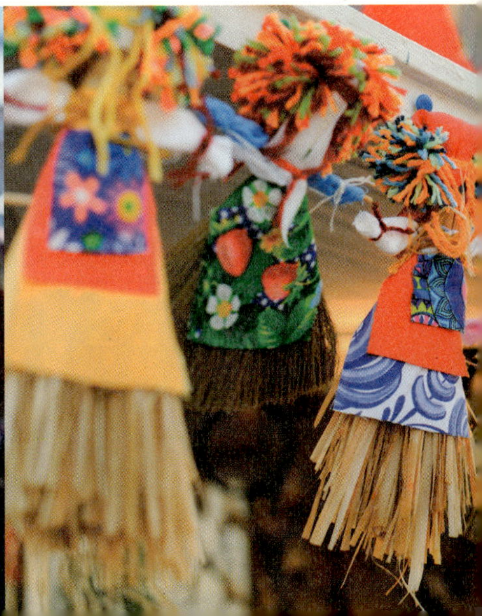

Мне скучно читать.

난 책 읽는 것 따분해.

- 불완료상 동사와 완료상 동사
- 불완료상 동사의 과거시제 의미
- 술어부사 + 동사원형
- 의문사 + 동사원형

Соня   Са́ша, ты уже́ прочита́л рома́н Л.Н.Толсто́го «А́нна Каренина»?

Саша   Ещё не прочита́л.

Мне ску́чно чита́ть.

Я хочу отдохну́ть.

А ты реши́ла зада́чи?

만세
포인트

1 톨스토이 소설 «안나 카레니나» 다 읽었니?

Ты уже́ прочита́л рома́н Л.Н.Толсто́го «А́нна Каренина»?

보통 '~ 책을 읽었느냐?'는 일반적인 사실을 물을 때는, Ты чита́л ~?라고 불완료상 동사 чита́ть를 사용한다. 그런데 책을 다 읽은지에 대한 행위의 완료 여부를 묻고자 할 때는 완료상 동사 прочита́ть를 사용한다.

Ты чита́л э́ту кни́гу?   너 이 책 읽어봤어?
Ты прочита́л э́ту кни́гу?   너 이 책 다 읽었니?

2 난 책 읽는 것 따분해.

Мне ску́чно чита́ть.

'~하는 것이 따분하다, 지루하다'를 표현할 때, 술어 부사 ску́чно 다음에 동사원형을 쓰고 의미상의 주체는 여격으로 나타낸다.

Тебе́ ску́чно изуча́ть ру́сский язы́к?
러시아어 공부하는 것이 지겹니?

Мне ску́чно сиде́ть в библиоте́ке.
도서관에 앉아 있는 것이 지루하다.

Соня	Ещё нет.
	Я реша́ла их до́лго, но ещё не реши́ла.
	О́чень тру́дные зада́чи.
Саша	И что тепе́рь тебе́ де́лать?
Соня	Не зна́ю. Про́сто голова́ кругом идёт.

уже́	이미
чита́ть / прочита́ть	읽다
рома́н	소설
ещё	아직
ску́чно (+동사원형)	～하는 것이 따분하다
реша́ть / реши́ть	해결하다
зада́ча	과제
до́лго	오랫동안
тепе́рь	이제
про́сто	단순히
голова́	머리
боле́ть	아프다

소냐	사샤, 톨스토이 소설 《안나 카레니나》 다 읽었니? [1]
사샤	아직 다 못 읽었어. 난 책 읽는 것 따분해. [2]
	놀고 싶어. 그런데 넌 문제 다 풀었어?
소냐	아직 못 했어. 오랫동안 풀고 있는데, 아직 못 풀었어.
	너무 어려운 문제야.
사샤	그럼 넌 이제 어떻게 해야만 하니? [3]
소냐	모르겠어. 머리만 아플 뿐이야.

3 너 어떻게 해야만 하니?

Что тепе́рь тебе́ де́лать?

의문사 что나 как 다음에 동사원형을 쓰면 '무엇을 해야만 하나?', '어떻게 해야만 하나?'의 의미를 갖는다.
이때 의미상의 주체는 여격으로 나타낸다.

Что мне де́лать?   나는 무엇을 해야만 하는가?
Как тебе́ де́лать?   너 어떻게 해야만 하니?
Что нам де́лать?   우리는 무엇을 해야만 하나요?

1 불완료상 동사와 완료상 동사

지금까지 학습한 чита́ть, де́лать, писа́ть, смотре́ть 등의 동사는 불완료상 동사로 진행 중인 지속적인 행위나 반복적인 행위를 표현한다. 한편 행위의 결과, 완료된 행위를 나타낼 때는 완료상 동사를 사용한다. 완료상 동사는 접두사나 접미사를 붙여 만든다. 불완료상 동사는 현재, 과거, 미래 시제를 갖는 반면, 완료상 동사는 '행위의 완료, 결과'라는 의미상의 특징 때문에 과거와 미래시제 만을 갖는다.

1. 접두사 붙여 만들기

접두사	불완료상 동사	완료상 동사
про-	чита́ть	прочита́ть
на-	писа́ть	написа́ть
с-	де́лать	сде́лать
по-	смотре́ть	посмотре́ть

2. 접미사 붙여 만들기

접미사	불완료상 동사	완료상 동사
-и-	реша́ть	реши́ть
	отвеча́ть	отве́тить
	получа́ть	получи́ть
	встреча́ть	встре́тить
-ну-	крича́ть	кри́кнуть
	маха́ть	махну́ть

불완료상 동사를 사용하면, 행위의 완료 여부는 알 수 없지만 행위에 초점이 맞추어지며, 완료
상 동사는 행위의 완료와 결과를 표현한다.

Он чита́л кни́гу.

그는 책을 읽었다.

Он прочита́л кни́гу.

그는 책을 다 읽었다.

Она́ писа́ла докла́д.

그녀는 보고서를 쓰고 있었다.

Она́ написа́ла докла́д.

그녀는 보고서를 다 썼다.

Они́ де́лали дома́шние зада́ния.

그들은 숙제를 하고 있었다.

Они сде́лали дома́шние зада́ния.

그들은 숙제를 다했다.

Мы реша́ли зача́чи.

우리는 과제를 풀고 있었다.

Мы реши́ли зада́чи.

우리는 과제를 다 풀었다.

② 불완료상 동사의 과거시제 의미

불완료상 동사의 과거시제는 과거 행위 및 상태의 지속성, 반복성, 습관성을 나타낸다. 불완료
상 동사는 всегда́, иногда́, ча́сто, ка́ждый день 등과 자주 결합하여 사용된다.

Ка́ждый день я ложи́лся спать в 11часо́в и встава́л в семь.

매일 나는 11시에 자서 아침 7시에 일어난다.

Ка́ждый день я ходи́л в бассе́йн.

나는 매일 수영장을 다녔다.

Что вы ча́сто де́лали ле́том?

여름에 무슨 일을 자주 했습니까?

Ле́том мы ча́сто пла́вали.

여름에 우리는 자주 수영을 했다.

Ле́том мы ча́сто занима́лись спо́ртом.

여름에 우리는 자주 운동을 했다.

Ле́том мы иногда́ собира́ли гри́бы.

여름에 우리는 가끔 버섯을 땄다.

Ле́том мы иногда́ ката́лись на ло́дке.

여름에 우리는 가끔 보트를 탔다.

3 술어부사 + 동사원형

부사가 문장에서 술어의 기능을 행할 경우 술어부사라고 한다. 술어부사 구문에서 의미상의 주체는 여격으로 나타나며, 술어부사는 동사원형과 결합한다.

Мне интере́сно смотре́ть америка́нские фи́льмы.

나는 미국영화 보는 것이 재미있다.

Мне ску́чно чита́ть кни́ги.

나는 독서가 따분하다.

Мне прия́тно встре́титься с ва́ми.

당신을 만나게 되어 기쁩니다.

Нам хорошо́ изуча́ть ру́сский язы́к.

우리는 러시아어를 배우는 것이 좋다.

Им тру́дно рабо́тать на заво́де.

그들은 공장에서 일하는 것이 힘들다.

의문사 **что**나 **как**이 동사원형과 결합하면, '~를 해야만 한다'의 **ну́жно**의 의미가 실현된다. 예를 들어, **Что мне де́лать?**는 **Что мне ну́жно де́лать?**와 같이 '나는 무엇을 해야만 하는가?'를 표현할 때 사용할 수 있다. 이때 의미상의 주체는 여격으로 나타낸다.

Как мне де́лать?

나는 어떻게 해야만 하는가?

Как тебе́ де́лать?

너는 어떻게 해야만 하니?

Что нам де́лать?

우리는 무엇을 해야만 하나요?

1. 다음에서 상황에 맞게 알맞은 동사 상을 선택하세요.

❶ Вчера он весь день ___________ книгу, но не её ___________.
(читать / прочитать)

❷ До завтра вам нужно ___________ доклад. (писать / написать)

❸ - Что ___________ твоя дочь вчера вечером?

- Она ___________ домашние задания. (делать / сделать)

❹ Мы долго ___________ зачачи, но ещё не их ___________.
(решать / решить)

❺ Я хочу ______ в театр. (идти / пойти)

2. 다음 동화를 읽으며 불완료상 동사와 완료상 동사의 의미의 차이점을 말해 보세요.

И пришла к Айболиту лиса: «Ой! Меня укусила оса!»

И пришёл к Айболиту барбос: «Меня курица клюнула в нос!»

И прибежала зайчиха И закричала: «Ай, ай! Мой зайчик попал под трамвай! Мой зайчик, мой мальчик Попал под трамвай! Он бежал по дорожке, И ему перерезало ножки, И теперьон больной и хромой, Маленький заинька мой!»

И сказал Айболит: «Не беда! Подавай-ка его сюда! Я пришью ему новые ножки, Он опятьпобежит по дорожке.»

3. 다음을 러시아어로 옮기세요.

❶ 우리는 돈이 없어서 프로젝트를 이행하지 못하였다.

→ ____

❷ 나는 사업을 할 기회가 없다. 어떻게 해야 할까?

→ ____

❸ 톨스토이의 《전쟁과 평화》는 너무 길어서 다 읽기 어렵다.

→ ____

❹ 우리는 러시아 사람들을 만나는 것이 즐겁다.

→ ____

❺ 그는 오래 동안 보고서를 썼지만 다 쓰지 못했다.

→ ____

12

A Ты уже́ написа́л(а) докла́д?   리포트 다 썼니?
B Да, я уже́ его́ написа́л(а).   응, 다 썼어.

A Вы уже́ прочита́ли статью?   논문 다 읽었어요?
B Ещё нет.   아직 못 읽었어요.

A Ты уже́ сде́лал(а) дома́шиие зада́ния?   숙제 다 했니?
B Да, я уже сде́лал(а).   응, 다 했어.

A Вы уже́ вы́полнили план?   계획 대로 다 했나요?
B Нет, я ещё его́ не вы́полнил(а).   아뇨, 아직 다 못했어요.

A Тебе́ ску́чно чита́ть?   책 읽는 것 지루하니?
B Нет, не ску́чно.   아니야, 지루하지 않아.

A Вам интере́сно рабо́тать с на́ми?   당신은 우리와 일하는 게 재미있나요?
B Да, интере́сно.   네, 재미있습니다.

A Тебе́ прия́тно встре́титься с ру́сскими?   넌 러시아 사람들을 만나는 게 즐겁니?
B Да, прия́тно.   응, 즐거워.

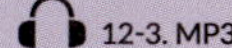
12-3. MP3

акт	막
актёр(актри́са)	배우
бале́т	발레
арти́ст-сатирик	풍자배우
я́рус	(관람석의) 층
коме́дия	희극
танцо́вщик(-щица)	무용수
пье́са	희곡
мю́зикл	뮤지컬
ле́тний теа́тр	노천극장
о́пера	오페라
опере́тта	오페레타
представле́ние	공연

драмати́ческий теа́тр	드라마 극장
орке́стр	오케스트라
парте́р	로얄석
режиссу́ра	연출가, 감독
фильм	영화
боеви́к	액션영화
чёрно-бе́лый фильм	흑백영화
цветно́й фильм	컬러영화
мультфи́льм	만화영화
кла́ссика	고전영화
коме́дия	코미디
документа́льный фильм	다큐멘터리 영화
мелодра́ма	멜로 드라마

спекта́кль	연극
премье́ра	초연
инсцениро́вка	각색
репертуа́р	레퍼토리
траге́дия	비극
балко́н	2층 특별석
ло́жа	박스석
бельэта́ж	보통석
гардеро́б	옷 보관소
конце́ртный зал	콘서트 홀

нау́чная фанта́стика	공상과학 영화
короткометра́жка	단편영화
три́ллер	스릴러
ве́стерн	서부영화
киноактёр(киноактри́са)	영화배우
кино́	영화관
спецэффе́кты	특수효과
субти́тры	서브 타이틀

"흥겨운 사육제 주간" Масленица

사육제(Масленица)는 겨울을 보내고 봄을 맞이하는 것을 기념하는 고대 슬라브인들의 명절로써, 풍작과 가축의 번성을 염원하는 상징적인 특징이 있다. 사육제는 러시아인들이 가장 좋아하는 명절 중의 하나이며, 유쾌하고 즐겁게 지낼 수 있어 많은 사람들이 설레는 마음으로 기다린다. 사육제 주간은 문자 그대로 축제 분위기에 휩싸인다. 의례 행위, 희극적인 행위, 전통적인 놀이, 장난 등이 이 주간을 가득 채운다. 과거에는 이 기간이 되면 언덕에서 썰매를 타기도 하며 잔치를 벌였는데, 많이 먹고 마시는 흥겨운 놀이가 벌어졌다.

여러 가지 사육제 풍습을 보면, 여름을 향한 태양에 대한 염원이 적지 않게 담겨 있다. 사육제의 모든 의례 행위는 태양이 추위와 겨울과 싸워 승리할 수 있도록 기운을 북돋는 기원을 담고 있다. 러시아의 많은 장소에서는 사육제 때에 짚으로 허수아비를 만든 후 여장(女裝)을 시켜 거리에 들고 나와서 가지고 다니는 풍습이 있었다. 이 허수아비를 눈에 잘 띄는 곳에 두고 사육제의 축제가 벌어지곤 한다.

사육제에 반드시 있어야 할 음식인 블린은 삶과 자연의 순환을 구현하는 태양을 상징할 뿐만 아니라 고대 동슬라브인들의 의례적 추모 음식이기도 하였다. 첫 번째로 구워진 블린을 창가에 내놓아 새가 쪼아먹도록 하는 관습은 조상을 추모한다는 의미가 있다. 사육제 기간에는 전통에 따라 일주일 내내 블린을 구우며, 어디를 가나 손님에게 블린을 대접한다. 각 가정마다 블린을 만드는 독특한 비법이 전수되며 이는 이웃에게도 공개하지 않는다. 통상 블린은 메밀가루나 밀가루로 만들며, 프라이팬에 가득 차게 크고 매우 얇게 만든다. 블린은 스메타나, 달걀, 생선알 등을 곁들여 먹는다.

또 하나의 의례는 사육제 허수아비를 불태우는 것이다. 용서의 일요일에 젊은이들이 노래를 부르며 사육제 허수아비를 호밀밭으로 가져간다. 그다음에는 짚단을 위로 던지거나 들판에 흩뿌리면서 짚단으로 허수아비를 태운다. 그와 같은 의례행위는 주술적인 의미를 가지며, 그 기원이 고대의 신앙에 있다. 불은 눈을 녹이고 봄의 도래를 촉진하며, 항상 정화하고 부정한 힘으로부터 보호하는 힘을 가지고 있다고 믿었다.

Работа близко от твоего дома?

직장이 집에서 가깝니?

УРОК
13

- 수사
- 명사의 복수 생격
- 수사 + 명사 표현
- 시간 표현
- после + 생격 표현

Марина   Во ско́лько начина́ется твой рабо́чий день?

Павел   Мой рабо́чий день начина́ется в 9 часо́в.

Марина   Рабо́та бли́зко от твоего́ до́ма?

Павел   Нет, о́чень далеко́. Поэ́тому мне ну́жно встава́ть ра́но,

              в 6 часо́в у́тра.

Марина   Како́й у́жас! Когда́ конча́ется рабо́та?

Павел   В 6 часо́в.

만세
포인트

1 몇 시에 근무 시작하니?

Во ско́лько начина́ется твой рабо́чий день?

동사 начина́ться와 конча́ться는 '시작되다'와 '끝나다'를 의미
하며 비활동체를 주어로 하는 구문에서 사용한다. '몇 시에?'를 물어 볼
때는 '시간'을 나타내는 в + 대격의 표현을 사용하여 во ско́лько?
라고 한다.

2 직장은 집에서 가까워?

Рабо́та бли́зко от твоего́ до́ма?

бли́зко는 '가깝다'를, 반의어 далеко́는 '멀다'를 의미한다. 전치사 от + 생격과
결합한다.

Наш дом нахо́дится бли́зко от университе́та.
우리 집은 대학 인근에 위치한다.

Рабо́та нахо́дится далеко́ от це́нтра го́рода.
직장은 시내에서 멀리 떨어져 있다.

Марина	Что ты де́лаешь по́сле рабо́ты?
Павел	Я обы́чно возвраща́юсь домо́й в 8 часо́в. Отдыха́ю, чита́ю газе́ты, смотрю́ телеви́зор.
Марина	Как твоя́ жизнь? Тебе́ нра́вится?
Павел	Как тебе́ сказа́ть. Э́то жизнь.

во ско́лько　몇 시에
начина́ться　시작되다
рабо́чий день　근무일
рабо́та　업무. 직장
бли́зко (+ от 생격)　～에서 가깝다
далеко́ (+ от 생격)　～에서 멀다
поэ́тому　따라서
ну́жно (+동사원형)　～해야만 한다
встава́ть / встать　일어나다
у́жас　공포
конча́ться　끝나다
по́ сле рабо́ты　퇴근 후
возвраща́ться домо́й　귀가하다

마리나	몇 시에 근무 시작하니? [1]
파벨	9시에 시작해.
마리나	직장은 집에서 가까워? [2]
파벨	아니. 아주 멀어. 그래서 아침 일찍 6시에 일어나야 해. [3]
마리나	아유 끔찍해! 언제 퇴근이야?
파벨	6시.
마리나	퇴근 후 뭐하니?
파벨	보통 8시에 집에 와서 쉬지. 신문 읽고 TV 보고 그래.
마리나	네 생활 어때? 마음에 들어?
파벨	그저 그래. 사는 게 그렇지.

3 아침 일찍 6시에 일어나야 해.
Мне ну́жно встава́ть ра́но, в 6 часо́в у́тра.

'~해야 한다'의 당위성을 표현할 때 ну́жно 다음에 동사원형을 사용하고 의미상 주체는 여격으로 나타낸다.

Мне ну́жно изуча́ть ру́сский язы́к.　나는 러시아어를 공부해야 한다.
Тебе́ ну́жно сдать экза́мен.　너는 시험에 합격해야 한다.
Нам ну́жно люби́ть ро́дину.　우리는 조국을 사랑해야 한다.

1 수사

0	ноль, нуль		
1	оди́н / одна́ / одно́	11	оди́надцать
2	два / две	12	двена́дцать
3	три	13	трина́дцать
4	четы́ре	14	четы́рнадцать
5	пять	15	пятна́дцать
6	шесть	16	шестна́дцать
7	семь	17	семна́дцать
8	во́семь	18	восемна́дцать
9	де́вять	19	девяна́дцать
10	де́сять	20	два́дцать

수사 1은 남성 명사와 결합할 때는 оди́н, 여성명사와 결합할 때는 одна́, 중성명사와 결합할 때는 одно́를 사용한다.

оди́н студе́нт	한 명의 남자 대학생
одна́ студе́нтка	한 명의 여자 대학생
одно́ перо́	한 개의 펜

수사 2는 남성명사 또는 중성명사와 결합할 때는 два, 여성명사와 결합할 때는 две를 사용한다.

два студе́нта	두 명의 남자 대학생
две студе́нтки	두 명의 여자 대학생
два пера́	두 개의 펜

남성명사의 복수 생격은 경변화일 경우 -ов, 연변화일 경우 -ев를 붙인다. 연음 부호[ь] 또는 ж, ч, ш, щ로 끝날 때, 복수 생격 어미 -ей를 붙인다. 어미 -а(-я)를 갖는 여성명사의 복수 생격은 zero 어미를 갖는다. 연음 부호[-ь]으로 끝나는 명사는 -ей를 복수 생격 어미로 갖는다. 중성명사의 경우 -о로 끝나는 명사, -ие로 끝나는 명사는 복수 생격에서 어미를 갖지 않는다. 즉 zero 어미를 갖는다. -е로 끝나는 중성명사는 복수 생격 어미 -ей를 갖는다.

	단수 주격	복수 주격	복수 생격
남성명사	студе́нт геро́й учи́тель	студе́нты геро́я учителя	студе́нтов геро́ев учи́телей
여성명사	кни́га студе́нтка ста́нция	кни́ги студе́нтки ста́нции	книг студе́нток ста́нций
중성명사	ме́сто мо́ре зда́ние	ме́ста мо́ря зда́ния	мест мо́рей зда́ний

수사 1은 명사 단수 주격과 결합하고, 2, 3, 4는 단수 생격과, 5 이상은 복수 생격과 결합한다.

оди́н студе́нт 대학생 1명

три студе́нта 대학생 3명

пять студе́нтов 대학생 5명

두 자리 숫자 이상의 수사 다음에 명사를 쓸 때는 끝 자리 수에 따라 단수 주격, 단수 생격, 복수 생격을 사용한다.

два́дцать оди́н студе́нт		21명의 대학생
три́дцать три студе́нта		33명의 대학생
со́рок пять студе́нтов		45명의 대학생

1	оди́н / одна́ / одно́	час, студе́нт / студе́нтка / перо́
2 3 4	два / две три четы́ре	студе́нта / студе́нтки часа́ кни́ги
5 6 7 8 9 10	пять шесть семь во́семь де́вять де́сять	часо́в студе́нтов книг

④ 시간 표현

러시아어로 '몇 시에'를 표시하려면 [전치사 в + 대격]을 사용한다.

в час	1시에 (один은 생략)
в два часа́	2시에
в три часа́	3시에
в пять часов	5시에
в двена́дцать часо́в	12시에
в де́сять часо́в у́тра	오전 10시에
в во́семь часо́в ве́чера	저녁 8시에

в оди́надцать часо́в ве́чера　　　밤 11시에

в двена́дцать часо́в но́чи　　　밤 12시에

в три часа́ но́чи　　　새벽 3시에

'~후에'를 표현하려면 [после + 생격]을 사용한다.

по́сле уро́ка　　　방과 후에

по́сле рабо́ты　　　퇴근 후에

по́сле за́втрака　　　아침 식사 후에

по́сле обе́да　　　점심 식사 후에

по́сле у́жина　　　저녁 식사 후에

по́сле конце́рта　　　음악회 후에

по́сле ше́сти часо́в　　　6시 이후에

1. 코스쨔와 비카의 일과표를 보고 다음 질문에 답하세요.

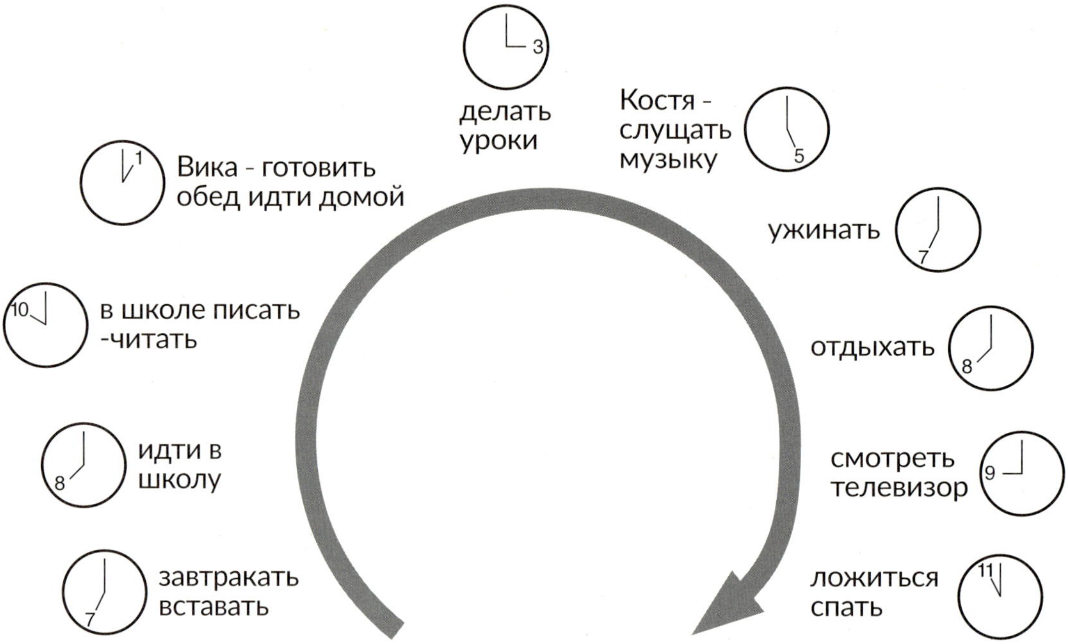

❶ Во сколько Костя и Вика встают и завтракают?

→ ____

❷ Во сколько Костя и Вика идут в школу?

→ ____

❸ Во сколько занятия начинаются?

→ ____

❹ Во сколько Вика готовит обед?

→ ____

❺ Во сколько Костя и Вика делают уроки?

→ ____

❻ Во сколько Костя слушает музыку?

→ ____

❼ Во сколько Костя и Вика ужинают?

→ ____

❽ Во сколько Костя и Вика отдыхают?

→ ____

❾ Во сколько Костя и Вика смотрят телевизор?

→ ____

❿ Во сколько Костя и Вика ложатся спать?

→ ____

2. 다음에 알맞은 격 형태를 넣으세요.

❶ Одна (девочка) плачет.

❷ В комнате два (человек).

❸ У них три (дочь).

❹ На уроке пять (студентка) читали доклад.

❺ Моему сыну четыре (год).

❻ Ей двенадцать (год).

❼ Этому студенту двадцать один (год).

❽ Мне тридцать два (год).

❾ В девять (час) начинается работа.

❿ В (один) (час) начинается обеденный перерыв.

3. 다음을 러시아어로 옮기세요.

❶ 나는 8시에 집에서 나간다. → _______________________________________

❷ 우리 회사 근무는 9시에 시작한다. → _______________________________

❸ 러시아 문화 수업은 3시에 끝난다. → _______________________________

❹ 나는 저녁 7시에 숙제를 한다. → _________________________________

❺ 우리 부모님은 밤 10시에 주무신다. → _____________________________

일과

13-2. MP3

13

A Во ско́лько ты встаёшь?
B Я встаю́ в 7 часо́в.

몇 시에 일어나니?
7시에 일어나.

A Во ско́лько начина́ются заня́тия?
B Заня́тия начина́ются в 9 часо́в.

몇 시에 수업 시작하니?
9시에 시작해.

A Во ско́лько конча́ется уро́к ру́сского языка́?
B Он конча́ется в 3 часа́.

러시아어 수업은 몇 시에 끝나니?
3시에 끝나.

A Во ско́лько начина́ется рабо́та?
B Рабо́та начина́ется в 9 часо́в.

몇 시에 근무 시작이야?
9시에 시작해.

A Во ско́лько конча́ется рабо́та?
B Рабо́та конча́ется в 6 часо́в.

몇 시에 근무 끝나?
6시에 끝나.

A Когда́ ты обе́даешь?
B Я обе́даю в час.

언제 점심 식사하니?
1시에 해.

A Когда ты возвраща́ешься домо́й?
B Я обы́чно возвраща́юсь домо́й в 7 часо́в.

언제 귀가하니?
보통 7시에 집에 가.

A Во ско́лько вы ложи́тесь спать?
B Я ложу́сь спать в 11 часо́в.

몇 시에 자니?
11시에 자.

A Что вы де́лаете по́сле рабо́ты?
B Смотрю́ телеви́зор.

퇴근 후 뭐 하세요?
TV 봐요.

123

🎧 13-3. MP3

ноль, нуль	0
оди́н / одна́ / одно́	1
два / две	2
три	3
четы́ре	4
пять	5
шесть	6
семь	7
во́семь	8
де́вять	9

восемна́дцать	18
девятна́дцать	19
два́дцать	20
три́дцать	30
со́рок	40
пятьдеся́т	50
шестьдеся́т	60
се́мьдесят	70
во́семьдесят	80
девяно́сто	90

де́сять	10
оди́ннадцать	11
двена́дцать	12
трина́дцать	13
четы́рнадцать	14
пятна́дцать	15
шестна́дцать	16
семна́дцать	17

сто	100
ты́сяча	1000
де́сять ты́сяч	10000
сто ты́сяч	십만
миллио́н	백만
сто миллио́нов	억
миллиа́рд	십억

모스크바 관광

"여긴 꼭 가봐야 해"
Экскурсии по Москве

러시아를 방문하는 관광객들에게 모스크바에서 가장 가고 싶은 곳을 물어보면, 대부분 붉은 광장, 레닌 묘, 굼 백화점, 성 바실리 사원을 위시한 각종 교회와 사원을 열거한다. 이 모든 명승지들은 모두 크렘린 안에 있다. 붉은광장은 크렘린 바깥 마당이고, 레닌 묘는 크렘린 벽 내부에 있으며, 곳곳에 성 바실리 사원, 우스펜스키 사원, 블라고베스첸스키 사원, 아르한겔스키 사원, 이반 대제의 종루, 구원의 탑 등이 있다. 굼 백화점은 크렘린 붉은 광장 맞은편에 있다. 때문에 크렘린은 모스크바 관광의 꽃이며, 반드시 방문해야 하는 명승지이다.

러시아 정교는 가톨릭의 정통성과 러시아가 결합했다는 점에서 강력한 국가 종교로 거듭났다. 러시아 정교의 상징적 기념비로 많은 사원들이 이반 3세 때 건립되었다. 우스펜스키 사원은 15세기 말 이반 3세의 명령에 따라 건축된 5개의 돔 형태의 지붕을 가진 사원이다. 러시아 정교의 중심이 되는 사원으로 새해 전야에는 대통령, 모스크바 시장 등 모든 고위 인사들이 이곳에 모여 미사를 보는 것으로 유명하다.

아르한겔스키 사원 또한 15세기 말 이반 3세의 명령에 따라 건축되었으며, 이 사원 내부에 이반 칼리타부터 이반 뇌제까지 러시아 역대 황제들과 왕자들의 관 48개가 안치되어 있어서 관광객들의 인기를 끌고 있다. 블라고베스첸스키 사원도 15세기 말 이반 3세의 명령에 따라 황실 가족의 미사를 보는 장소로 건축되었다.

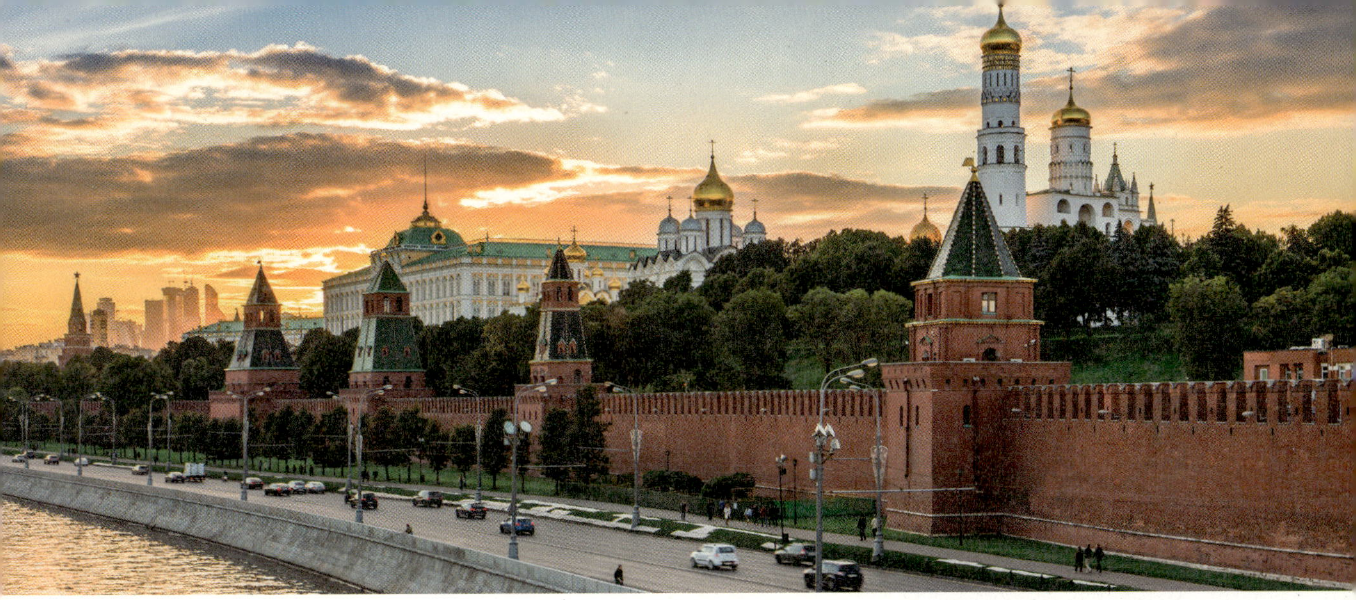

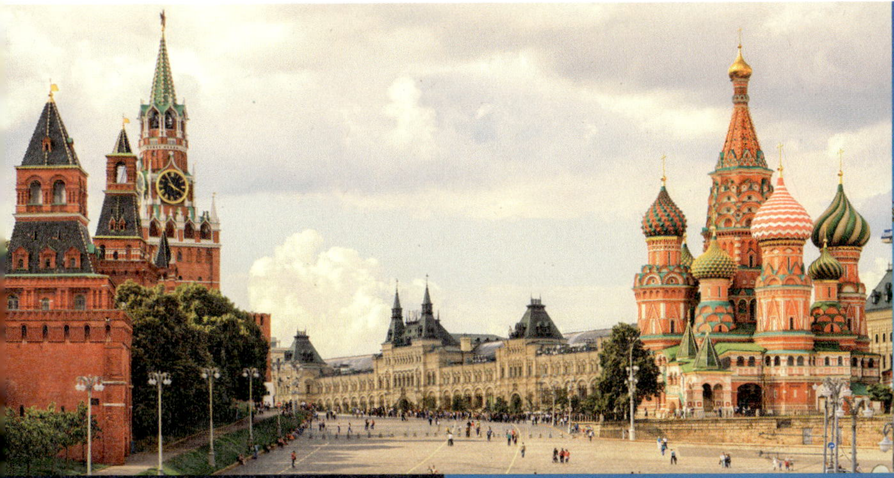

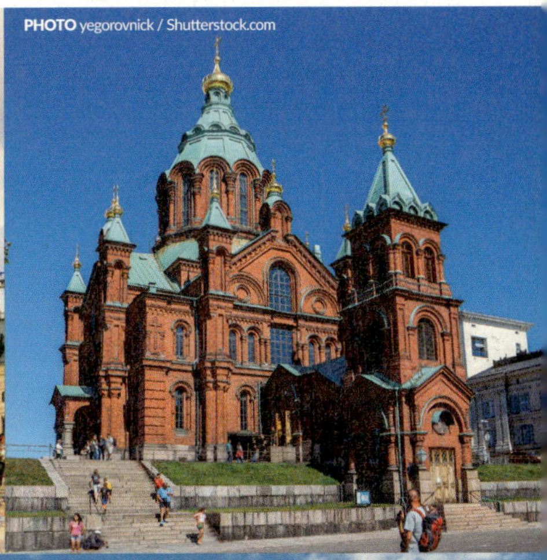

PHOTO yegorovnick / Shutterstock.com

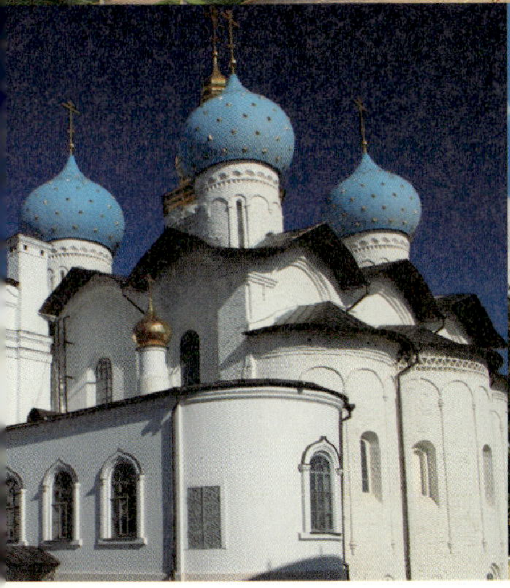

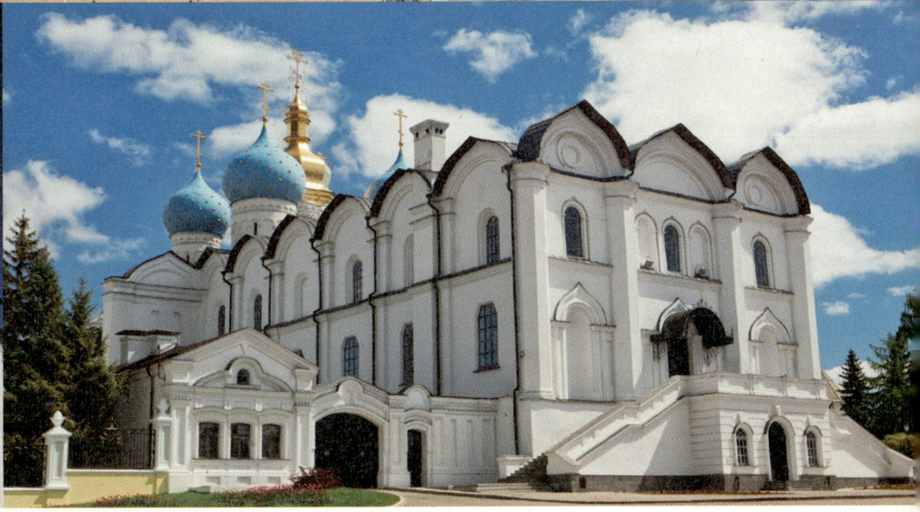

Вам это очень идёт.
아주 잘 어울려요.

УРОК
14

- 명령법
- 명령문에서 동사상의 사용
- 동사 идти 사용법

Лариса	Покажи́те, пожа́луйста, чёрное пла́тье.
Продавец	Вам како́й разме́р?
Лариса	Шесто́й.
Продавец	Пожа́луйста.
Лариса	Мо́жно приме́рить?
Продавец	Коне́чно.

만세
포인트

1 검정 원피스 좀 보여 주세요.
Покажи́те, пожа́луйста, чёрное пла́тье.

물건을 살 때 '보여달라'는 표현을 하려면, 완료상 동사 показа́ть의 명령형 покажи́те를 사용해 말한다. 여기서 '나에게'를 뜻하는 мне는 생략해도 된다.

Покажи́те мне, пожа́луйста, си́ний пиджа́к.
파란색 재킷을 보여 주세요.

Покажи́те, пожа́луйста, кра́сную ша́пку.
빨간색 모자를 보여 주세요.

2 아주 잘 어울려요.
Вам э́то о́чень идёт.

동사 идти́가 '어울리다'라는 뜻으로도 사용된다.
어울리는 사람은 여격 형태로 나타낸다.

Чёрный цвет идёт тебе́. 검은색이 너에게 잘 어울린다.

Эта ю́бка о́чень идёт вам.
이 스커트가 당신에게 아주 잘 어울리네요.

Све́тлый цвет не идёт тебе́. 밝은색은 너한테 안 어울려.

Как ты ду́маешь, идёт ли э́то мне?
이거 나한테 어울리는 것 같니?

14-1. MP3

Лариса	Как вы ду́маете, мне идёт это пла́тье?
Продавец	Да, вам о́чень идёт.
Лариса	Мне нра́вится.
	Да́йте это мне, пожа́луйста.
	Ско́лько сто́ит?
Продавец	Две ты́сячи рубле́й.

покажи́те   보여 주십시오
             (показа́ть 명령형)
пожа́луйста   제발
чёрный   검은
пла́тье   원피스
разме́р   사이즈
приме́рить   재다
коне́чно   물론
да́йте   주십시오 (дать 명령형)
сто́ить   값이 나가다, 가치가 있다
ты́сяча   천
рубль   루블

라리사	검정 원피스 좀 보여 주세요. [1]
점원	사이즈가 어떻게 되세요?
라리사	6호예요.
점원	여기 있습니다.
라리사	입어봐도 되지요?
점원	물론이지요.
라리사	저한테 어울리는 것 같나요?
점원	네, 아주 잘 어울려요. [2]
라리사	제 마음에도 드네요. 이것 주세요.
	얼마인가요? [3]
점원	2,000루블입니다.

3 얼마인가요?
Ско́лько сто́ит?

가격을 물어보는 표현이다. '제가 얼마를 내야 하나요?'라고 말할 때는 Ско́лько с меня́?라고도 한다.

Ско́лько сто́ит торт?   케이크는 얼마입니까?
Ско́лько сто́ят э́ти кни́ги?   이 책들은 얼마입니까?

1 명령법

명령형을 만들 때, 동사의 3인칭 복수형에서 동사 어미를 떼내고, 동사 어간이 자음으로 끝나면 -и(те)를, 모음으로 끝나면 -й(те)를 붙인다.

명령형 어미 -те를 붙이면, 존칭 명령이나 여러 사람을 대상으로 하는 복수 명령이 된다. 명령을 정중하게 하려면 영어의 please에 해당되는 пожа́луйста 를 붙인다.

1. 동사 어간이 자음으로 끝나는 경우

говори́ть : говор-я́т ⟶   говори́   말해라

                          говори́те   말하십시오

смотре́ть : смо́тр-ят ⟶   смотри́   봐라

                          смотри́те   보십시오

2. 동사 어간이 모음으로 끝나는 경우

чита́ть : чита́-ют ⟶   чита́й   읽어라

                       чита́йте   읽으십시오

слу́шать : слу́ша-ют ⟶   слу́шай   들어라

                         слу́шайте   들으십시오

3. дать / дава́ть 동사 명령형

дать: дай, да́йте   주세요 / 주십시오

дава́ть: дава́й, дава́йте   하자 / 합시다

Чита́те гро́мко, пожа́луйста.   크게 읽으십시오.

Посмотри́те напра́во, пожа́луйста.　　　오른쪽을 보세요.

Да́йте, пожа́луйста, э́ту о́бувь.　　　이 구두를 주세요.

Покажи́те, пожаа́луйста, бе́лую руба́шку.　　　흰색 셔츠를 주세요.

Скажи́те, пожа́луйста, где вы живёте.　　　어디에 사는지 말씀해 주세요.

2 **명령문에서 동사상의 사용**

1. 완료상 동사의 사용

일회적인 행위 수행을 명령할 경우에는 보통 완료상 동사를 사용한다. 동사 дать, откры́ть, закры́ть, взять, показа́ть, сказа́ть 등의 명령형은 요청의 의미를 표현하기도 한다.

Да́йте мне, пожа́луйста, торт.　　　케이크를 주십시오.

Покажи́те, пожа́луйста, э́ту ю́бку.　　　이 스커트를 보여 주십시오.

Откро́йте дверь, пожа́луйста.　　　문을 여십시오.

Скажи́те мне, пожа́луйста, кото́рый час?　　　몇 시인지 말씀해 주세요.

2. 불완료상 동사 사용

1) 불완료상 동사의 명령형은 행위 시작에 대한 동기부여를 나타낸다.

Пиши́те.　　　필기하세요.

(수업시간에 학생들에게 필기하라고 말할 때의 상황에서 불완료상 동사 사용)

Чита́йте.　　　낭독하세요.

(수업시간에 학생들에게 책을 읽으라고 말할 때의 상황에서 불완료상 동사 사용)

Повторя́йте.　　　반복하세요.

(수업시간에 학생들에게 반복하라고 말할 때의 상황에서 불완료상 동사 사용)

2) 불완료상 동사의 명령형은 행위의 성격을 바꿀 것을 요청할 때도 사용된다.

Читáйте мéдленнее.　　더 천천히 읽으세요.

Говори́те грóмче.　　더 크게 말하세요.

3) 초대의 표현을 할 때도 불완료상 동사를 사용한다.

Приходи́те к нам в гóсти.

우리 집에 놀러 오세요.

Прохóдите, раздевáйтесь, сади́тесь, пожáлуйста.

어서 들어 오세요, 외투 벗으시고 앉으세요.

4) 부정명령문(～하지 마라)에서는 불완료상 동사를 사용한다.

Не говори́те.　　말하지 마세요.

Не кýрите.　　담배 피지 마세요.

동사 **идти**는 '걸어서 가다'라는 의미 외에 다양한 의미로 사용된다. 자주 사용하는 동사이므로, 사용법을 알아두면 커뮤니케이션 과정에서 요긴하게 사용할 수 있다.

1) 가다 (일정한 방향의 동작)	Я иду́ в шко́лу. 나는 학교에 간다.
2) (우편물 등이) 오다, 가다	Письмо́ идёт от Сеу́ла до Пуса́на 3 дня. 서울에서 부산까지 편지는 3일이 걸린다.
3) (비, 눈 등이) 내리다, 오다	Идёт дождь. 비가 온다. Идёт снег. 눈이 온다.
4) (시간이) 경과하다	Вре́мя идёт бы́стро как стрела́. 시간이 화살처럼 빨리 흐른다.
5) (기계 등이) 작동하다	Часы́ иду́т то́чно. 시계가 정확하게 간다.
6) 진행되다	Как идёт ва́ша рабо́та? 당신 일은 어떻게 진행되고 있나요? Идёт уро́к. 수업이 진행 중이다.
7) 공연하다, 상영하다	Э́тот фильм идёт сейча́с. 이 영화는 지금 상영 중이다.
8) 어울리다	Э́тот цвет о́чень идёт вам. 이 색깔은 당신에게 아주 잘 어울립니다.

1. 다음 질문에 러시아어로 답하세요.

❶ Где можно купить детские игрушки?

→ ____

❷ Где можно купить сувениры?

→ ____

❸ Где можно купить продовольственные продукты?

→ ____

❹ Где можно купить хлеб?

→ ____

❺ Где можно купить электронные изделия?

→ ____

2. 다음 빈칸에 알맞은 명령형을 넣으세요.

❶ ______________ мне, пожалуйста, торт. (дать)

❷ ______________ мне, пожалуйста, где вы живёте? (сказать)

❸ Ребята! ______________ громче. (говорить)

❹ ______________ пожалуйста, эту рубашку. (показать)

❺ ______________, ______________, пожалуйста. (проходить, садиться)

 **3.** 다음에 알맞은 동사를 선택하세요.

❶ Не (говорите, скажите).

❷ (Говорите, Скажите), пожалуйста, громко.

❸ (Покаывайте, Покажите), пожалуйста, чёрное платье.

❹ (Открывайте, Откройте) дверь.

❺ (Давайте, Дайте), пожалуйста, сок.

 **4.** 다음을 러시아어로 옮기세요.

❶ 붉은색이 당신에게 잘 어울립니다.

→ ____

❷ 모스크바에서 서울까지 소포가 며칠 걸립니까?

→ ____

❸ 삼성 노트북은 얼마입니까?

→ ____

❹ 한국에서 즐거운 시간 보내세요.

→ ____

❺ 어린이 용품은 어린이 백화점에서 살 수 있습니다.

→ ____

14

A Скажи́те, пожа́луйста, где мо́жно
купи́ть же́нскую оде́жду?
여성 의류는 어디서 사나요?

B В отде́ле же́нской оде́жды на второ́м эта́же.
2층에 여성복 매장으로 가세요.

A Где мо́жно купи́ть мужску́ю оде́жду?
남성 의류는 어디서 사나요?

B В отде́ле мужско́й оде́жды на тре́тьем эта́же.
3층에 남성복 매장으로 가세요.

A Где мо́жно купи́ть о́бувь?
신발은 어디서 사나요?

B В отде́ле о́буви на пе́рвом эта́же.
1층에 신발 매장으로 가세요.

A Где мо́жно купи́ть де́тские игру́шки?
어디에서 장난감을 살 수 있나요?

B В универма́ге для дете́й.
아동 백화점에서요.

A Скажи́те, пожа́луйста, где мо́жно
купи́ть сувени́ры?
기념품은 어디서 살 수 있나요?

B На Арба́те, там мно́го магази́нов
«Сувени́ры».
아르바트 거리에 «기념품» 가게
가 많아요

Там большо́й вы́бор.
다양하게 고를 수 있어요.

A Где мо́жно купи́ть проду́кты?
식료품은 어디에서 살 수 있나요?

B В магази́не «Проду́кты».
«식료품» 가게에서요.

A Где мо́жно купи́ть фру́кты?
과일은 어디에서 살 수 있나요?

B На ры́нке.
시장에서요.

A Где мо́жно купи́ть хлеб?
빵은 어디에서 살 수 있나요?

B В бу́лочной.
제과점에서요.

A Где мо́жно купи́ть электро́нные изде́лия?
전자제품은 어디에서 살 수 있나요?

B В магази́не «Электро́ника».
«전자제품» 가게에서요.

A Скажи́те, пожа́луйста, у вас есть фру́кты?
과일이 있나요?

B Да, есть.
네, 있습니다.

A Да́йте, пожа́луйста, кило́ лимо́нов.
레몬 1킬로그램 주세요.

A Бу́дьте до́бры, да́йте торт.
케이크 주세요.

B Како́й торт?
어떤 케이크요?

A Шокола́дный.
초콜릿 케이크요.

A Да́йте, пожа́луйста, мне сре́дний разме́р.
미디엄 사이즈를 주세요.

B Вот здесь, приме́рьте, пожа́луйста.
자 여기요, 입어 보세요.

A Ско́лько сто́ит ?
얼마입니까?

B 50 рубле́й.
50루블입니다.

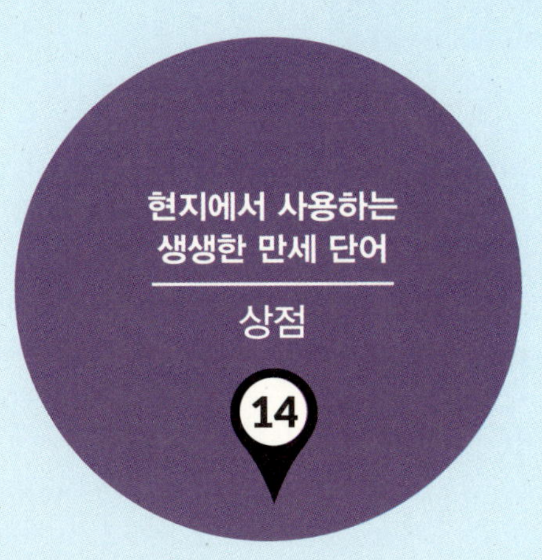

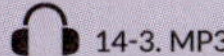
14-3. MP3

антиква́рный магази́н	골동품점
магази́н худо́жественных изде́лий, "Иску́сство"	화랑
бу́лочная, "Хлеб"	제과점
кни́жный магази́н, "Кни́ги"	서점
сало́н мо́дных това́ров	부티크
мясна́я ла́вка, "Мя́со"	정육점
конди́терская	사탕 가게
доста́вка проду́ктов на́ дом	케이터링
моло́чная	유제품 가게
гастроно́м	미식가
универма́г	백화점
галантере́я	잡화
химчи́стка	드라이클리닝 세탁소

ювели́рный магази́н	귀금속 가게
магази́н кожгалантере́йных изде́ний	가죽 잡화점
винрво́дочный магази́н	주류 가게
ры́нок	시장
но́тный магази́н, магази́н музыка́льных инструме́нтов	악기점
газе́тный кио́ск	신문 가판대
о́птика	안경점
парфюме́рия	화장품
апте́ка	약국
магази́н фототова́ров	포토샵
магази́н колба́сных изде́лий	소시지 가게
ры́бный магази́н, "Ры́ба"	생선 가게
комиссио́нный магази́н	중계소
обувно́й магази́н, "О́бувь"	구두 가게

магази́н электротова́ров, "Электро́ника"	전자제품점
барахо́лка	벼룩시장
цвето́чный магази́н	꽃가게
овощно́й магази́н, "О́вощи и фру́кты"	청과물 가게
продово́льственный магази́н, "Проду́кты"	식료품점
парикма́херская	이발소
сало́н красоты́	미용실
магази́н строи́тельных това́ров	자재상점
магази́н диети́ческих проду́ктов	건강식품점

"Ремо́нт о́буви"	신발 수리점
сувени́рный магази́н	기념품점
магази́н спортова́ров	스포츠용품점
магази́н канцтова́ров	문구점
универса́м, суперма́ркет	슈퍼마켓
"Ателье́"	양복점
утильсырьё	중고품 가게
таба́чный магази́н	담배가게
магази́н игру́шек, "Де́тский мир"	장난감 가게
турате́нство	여행사
часова́я мастерска́я	시계수리점
ви́нный магази́н	와인 가게

"쇼핑보다는 공원에서 즐겨요"

Бизнес в парке культуры и отдыха – популярный вид бизнеса в Москве

러시아는 다양한 공원 문화를 가진 나라다. 모스크바에만 64개의 공원이 있으며 러시아인들의 주요 문화생활 장소로 자리매김하고 있다. 모스크바의 공원은 평균적으로 100년이 넘는 역사를 자랑한다. 그러다 보니 노후화된 곳이 많아 시 정부는 '2012~2016년 관광 및 휴게시설 개발' 프로그램을 진행해 공원들을 다양한 취향을 만족시킬 수 있는 종합 엔터테인먼트 시설로 변화시키고 있다. 녹지 산책, 놀이 및 운동, 어린이 놀이터, 카페 등 원하는 서비스를 마음대로 즐길 수 있도록 하고 있다.

공원별로 일종의 테마를 지정해 가족, 어린이 공원 이외에 중장년을 위한 '추억의 공원'이 있고 스포츠도 즐길 수 있다. 주요 공원은 무선 인터넷이 무료로 제공되는 등 사소한 부분에서도 고객 편의에 신경 쓰고 있다. 대부분의 공원은 사시사철 운영된다. 여름에는 각종 놀이시설과 콘서트, 페스티벌 등 활동적인 행사가 많고 겨울에는 스케이트장 운영과 얼음조각 전시 등의 이벤트가 있다.

고리키 공원의 경우 방문객이 가장 많은 곳으로, 이 공원에만 30여 곳의 식당이 운영되고 있으며 수많은 아이스크림, 솜사탕, 팝콘 등 이동식 간식 매대가 설치돼 있다. 러시아의 경기 침체로 비용이 많이 드는 장거리 여행이나 쇼핑 등으로 시간을 보내기보다 접근성이 높은 도심 공원에서 문화생활을 즐기는 러시아인이 많다.

따라서 외식 등 관련 업계의 비즈니스가 호조를 보이는 게 특징이다. 초기부터 현재까지 인기를 끌고 있는 모스크바의 대표 공원 외식 브랜드로는 '테레묵(러시아 팬케이크)', '크로시카 카르토시카(감자구이)', '워커(동양식 볶음밥과 면류)', '글로우서브스(샌드위치)' 등이 있다.

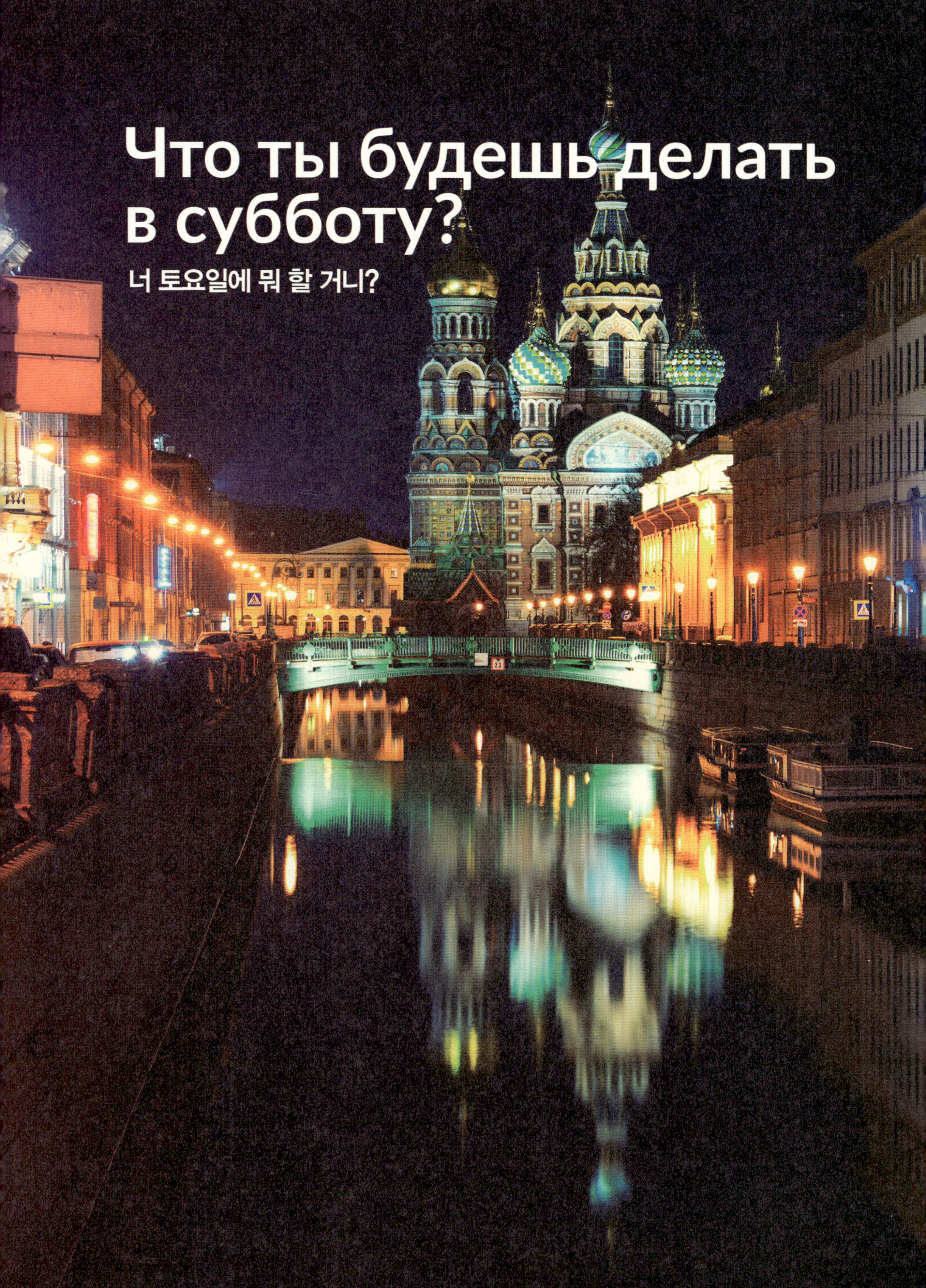

Что ты будешь делать в субботу?
너 토요일에 뭐 할 거니?

УРОК
15

- быть의 미래
- 불완료상 동사의 미래시제 : 합성미래
- 완료상 동사의 미래시제 : 단순미래

Катя   Ура! Конча́ются заня́тия.

Миша   За́втра бу́дет суббо́та.

           Я о́чень рад, что у меня́ нет дома́шних зада́ний.

Катя   Како́й план у тебя́ на уик-э́нд?

만세
포인트

---

1 너 주말 계획이 뭐니?

Како́й план у тебя́ на уик-э́нд?

'계획이 무엇이니(무엇입니까)?'라는 질문을 할 때, Како́й план у тебя́ (у вас)? 표현을 사용하고 '~에 대한 계획'은 план на + 대격을 사용한다.

Како́й план у вас на бу́дущее?
당신의 미래에 대한 계획은 무엇입니까?

Како́й план у тебя́ на ле́тние кани́кулы?
네 여름 방학 계획은 무엇이니?

Како́й план у тебя́ на зи́мние кани́кулы?
네 겨울 방학 계획은 무엇이니?

'여름에 러시아로 연수갈 것이다'라고 답하려면, Ле́том я пое́ду на стажиро́вку в Росси́ю.라고 한다.

---

2 너는 토요일에 뭐 할 거니?

Что ты бу́дешь де́лать в суббо́ту?

상대방의 일과를 묻는 미래시제 표현이다. 평상시의 일과를 물을 때는 Что ты обы́чно де́лаешь ве́чером? (너는 저녁에 보통 뭐 하니?)라고 현재시제로 표현한다. 지난 일과를 물을 때는 과거시제로 Что ты де́лал вчера́ ве́чером? (너는 어제 저녁 뭐했니?)라고 표현하며, 앞으로의 일과를 물을 때는 미래시제를 사용한다.

Что ты бу́дешь де́лать на выходно́й?
너는 쉬는 날에 뭐 할 거니?

Что вы бу́дете де́лать в воскресе́нье?
당신은 일요일에 뭐 할 것 입니까?

Миша	У меня́ нет никаки́х осо́бенных пла́нов.
	Мо́жет быть, я бу́ду у дя́ди.
	А что ты бу́дешь де́лать в суббо́ту?
Катя	Я бу́ду о́чень за́нята.
	Я сказа́ла преподава́тельнице, я
	обяза́тельно напишу́ докла́д
	до понеде́льника.
Миша	Как жа́лко! Ты, никуда́ не пое́дешь
	отдыха́ть?
Катя	Нет. У меня́ не бу́дет вре́мени.

план 계획

уик-э́нд 주말

никако́й 어떠한 (부정문에서 사용)

осо́бенный 특별한

мо́жет быть 아마도

дя́дя 숙부

за́нят 바쁘다

обяза́тельно 반드시

написа́ть писа́ть(쓰다) 완료상 동사

докла́д 리포트, 보고서

жа́лко 유감이다

никуда́ 아무 곳도 (부정문에서 사용)

пое́хать ехать(타고가다) 완료상 동사

카탸	만세! 수업이 끝났네.
미샤	내일이 토요일이야.
	난 숙제가 없어서 정말 좋아.
카탸	너 주말 계획이 뭐니? **1**
미샤	뭐 특별한 계획은 없어.
	아마도 삼촌 댁에 갈 것 같아.
	너는 토요일에 뭐 할 거니? **2**
카탸	난 무척 바빠. 월요일까지 리포트 꼭 쓰겠다고 선생님께 말씀드렸거든. **3**
미샤	안됐구나! 아무 데도 놀러 안 갈 거야?
카탸	응, 안 가. 시간이 없어.

3 월요일까지 리포트 꼭 쓰겠다고 선생님께 말씀드렸거든.

Я сказа́ла преподава́тельнице, я обяза́тельно напишу́ докла́д до понеде́льника.

'행위의 완료'를 나타낼 때는 완료상 동사의 미래시제를 사용한다. 그래서 동사 писа́ть의 완료상 동사 написа́ть를 사용하여 '리포트를 다 쓸 것이다'라는 미래의 완료 행위를 표현하였다.

Сего́дня я прочита́ю э́тот расска́з.　나는 이 단편을 오늘 다 읽을 것이다.

Я сде́лаю дома́шние зада́ния до за́втра.　나는 내일까지 숙제를 다 할 것이다.

1 быть의 미래

동사 **быть**는 현재시제에선 주로 생략되지만, 미래시제에선 과거시제에서처럼 다음과 같이 인칭변화하며 나타난다.

Я	бу́ду
Ты	бу́дешь
Он / Она́	бу́дет
Мы	бу́дем
Вы	бу́дете
Они́	бу́дут

За́втра я бу́ду до́ма.
내일 나는 집에 있을 것이다.

Они́ бу́дут на конце́рте в пя́тницу.
그들은 금요일에 음악회에 갈 것이다.

За́втра бу́дет хоро́шая пого́да.
내일은 날씨가 좋을 것이다.

У тебя́ бу́дет время послеза́втра?
모레 너 시간 있니?

Мы бу́дем рабо́тать на сле́дующей неде́ле.
우리는 다음주에 일할 것이다.

2 불완료상 동사의 미래시제 : 합성미래

불완료상 동사의 미래시제를 나타낼 때는 [동사 **быть**의 미래시제 + 동사원형]을 사용한다. 이러한 형태의 미래시제를 '합성미래'라고 부르며, 합성미래 형태는 불완료상 동사에만 해당된다.

불완료상 동사 читать 합성미래

Я	бу́ду чита́ть
Ты	бу́дешь чита́ть
Он / Она́	бу́дет чита́ть
Мы	бу́дем чита́ть
Вы	бу́дете чита́ть
Они́	бу́дут чита́ть

불완료상 동사 писать 합성미래

Я	бу́ду писа́ть
Ты	бу́дешь писа́ть
Он / Она́	бу́дет писа́ть
Мы	бу́дем писа́ть
Вы	бу́дете писа́ть
Они́	бу́дут писа́ть

Что ты бу́дешь де́лать в суббо́ту? — 토요일에 뭐 할거니?

В суббо́ту я бу́ду чита́ть кни́гу. — 토요일에 책 읽을 겁니다.

Что вы бу́дете де́лать за́втра? — 내일 뭐 할 것입니까?

За́втра мы бу́дем отдыха́ть. — 내일 우리는 쉴 겁니다.

앞서 말한 것처럼, 완료상 동사는 '행위의 완료와 결과'를 의미하므로 현재시제는 없으며 미래
시제와 과거시제 만을 갖는다. 불완료상 동사의 현재처럼 인칭변화하며 미래의 완료된 행위나
결과를 나타낸다. 완료상의 미래시제를 '단순미래'라고 부른다.

완료상 동사 прочитать 단순미래

Я	прочита́ю
Ты	прочита́ешь
Он / Она́	прочита́ет
Мы	прочита́ем
Вы	прочита́ете
Они́	прочита́ют

완료상 동사 написать 단순미래

Я	напишу́
Ты	напише́шь
Он / Она́	напише́т
Мы	напише́м
Вы	напише́те
Они́	напишу́т

За́втра я прочита́ю рома́н Достое́вского «Преступле́ние и наказа́ние».

나는 내일 도스토옙스키 소설 «죄와 벌»을 다 읽을 것이다. (미래의 완료된 행위)

За́втра я бу́ду чита́ть рома́н Достое́вского «Преступле́ние и наказа́ние».

나는 내일 도스토옙스키 소설 «죄와 벌»을 읽을 것이다. (미래의 완료되지 않은 행위)

В суббо́ту я напишу́ докла́д.

나는 토요일에 리포트를 다 쓸 것이다. (미래의 완료된 행위)

В суббо́ту я бу́ду писа́ть докла́д.

나는 토요일에 리포트를 쓸 것이다. (미래의 완료되지 않은 행위)

Послеза́втра я сде́лаю дома́шние зада́ния.

모레 나는 숙제를 다 할 것이다. (미래의 완료된 행위)

Послеза́втра я буду де́лать дома́шние зада́ния.

모레 나는 숙제를 할 것이다. (미래의 완료되지 않은 행위)

1. 다음 질문에 러시아어로 답하세요.

❶ Что ты будешь делать на уик-энде?

→ ____

❷ Что вы делаете в воскресенье?

→ ____

❸ Какой план у тебя на будущее?

→ ____

❹ Какой план у вас на летние каникулы?

→ ____

2. 다음을 보기처럼 미래시제로 바꾸세요.

> Образец : Я смотрю телевизор.
>
> → Я буду смотреть телевизор.

❶ Я читаю книгу.

→ ____

❷ Он пишет доклад.

→ ____

❸ Мы слушаем лекцию.

→ ____

❹ Они делают домашние задания.

→ ____

❺ Мои друзья на концерте.

→ ____

3. 다음을 보기처럼 미래시제로 바꾸세요.

> Образец : Я читаю роман.
>
>   → Я прочитаю роман.

❶ Ты пишешь доклад?

→ ____

❷ Мы выполняем проект.

→ ____

❸ Она решает задачи.

→ ____

❹ Я делаю домашние задания.

→ ____

❺ Они читают статью.

→ ____

4. 다음을 러시아어로 옮기세요.

❶ 당신의 미래 계획은 무엇입니까?

→ ____

❷ 너는 주말에 무엇을 할 거니?

→ ____

❸ 나는 다음주까지 리포트를 다 쓸 것이다.

→ ____

❹ 그는 내일까지 «안나 카레니나»를 다 읽을 것이다.

→ ____

❺ 내일 모레 시간이 있습니까?

→ ____

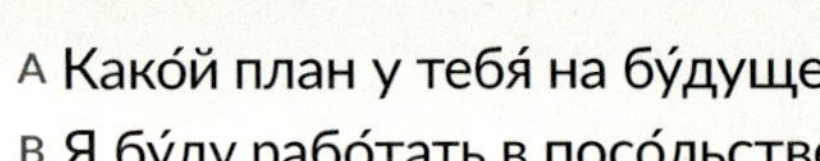

A Како́й план у тебя́ на бу́дущее?   너의 미래 계획은 뭐니?
B Я бу́ду рабо́тать в посо́льстве.   대사관에서 일하고 싶어.

A Како́й план у вас на бу́дущее?   당신의 미래 계획은 무엇입니까?
B Я пое́ду в Росси́ю вести́ би́знес.   전 러시아에 사업을 하러 갈 겁니다.

A Како́й план у вас на ле́тние кани́кулы?   여름방학 계획이 어떻게 되세요?
B Я собира́юсь путеше́ствовать за рубежо́м.   해외 여행을 가려 합니다.

A Како́й план у тебя́ на зи́мние кани́кулы?   너 겨울방학 계획은 뭐니?
B У меня́ нет никаки́х осо́бенных пла́нов.   특별한 계획 없어.

A Что ты бу́дешь де́лать на уик-э́нде?   주말에 뭐 할 거야?
B Я бу́ду гуля́ть в Па́рке культу́ры.   문화공원에서 산책할 거야.

A Что вы бу́дете де́лать в суббо́ту?   토요일에 뭐 하실 거예요?
B Я бу́ду де́лать поку́пки.   쇼핑할 거예요.

A Что ты бу́дешь де́лать в суббо́ту ?   토요일에 뭐 할 거니?
B Я бу́ду смотре́ть фильм   《거장과 마르가레타》
«Ма́стер и Маргари́та».   영화 볼 거야.

A Что вы бу́ете де́лать в воскресе́нье?   일요일에 뭐 할 겁니까?
B Я бу́ду встреча́ться с дру́гом.   친구 만날 겁니다.

в понеде́льник	월요일에
во вто́рник	화요일에
в сре́ду	수요일에
в четве́рг	목요일에
в пя́тницу	금요일에
в суббо́ту	토요일에
в воскресе́нье	일요일에
на уик-э́нде	주말에
в январе́	1월에
в феврале́	2월에
в ма́рте	3월에
в апре́ле	4월에

в ма́е	5월에
в ию́не	6월에
в ию́ле	7월에
в а́вгусте	8월에
в сентябре́	9월에
в октябре́	10월에
в ноябре́	11월에
в декабре́	12월에

истори́ческие и культу́рные па́мятники	역사 문화 기념물
быть на экску́рсии	관광을 다녀오다
соверши́ть экску́рсию	관광을 하다
получи́ть большо́е удово́льствие от экску́рсии	관광에서 큰 만족을 얻다
дово́лен(-льна) экску́рсией	관광에 만족하다
получи́ть большо́е впечатле́ние от пое́здки в Росси́ю	러시아 여행에 큰 감명을 받다
экску́рсия по це́нтру Санкт-Петербурга	상트페테르부르크 관광
Му́зей-уса́дьба Льва Никола́евича Толсто́го	톨스토이 영지 박물관

посети́ть Эрмита́ж 에르미타주 국립박물관을 방문하다	
чуде́сный вид	멋진 광경
Ме́дный вса́дник	청동기사
Па́мятник Петру I.	표트르 대제 기념비
Зи́мний дворе́ц	동궁

"화려한 역사를 간직한 상트페테르부르크"
Иутешествие в Санкт-Петербург

모스크바의 레닌그라드 역에서 '붉은 화살(Красная стрела)'이라는 이름의 상트 페테르부르크행 열차를 타고 약 8시간을 달리면 다음 날 아침, 상트페테르부르크에 도착한다. 푸시킨이 노래한 대로, 페테르부르크는 늪지를 개간해 유럽 도시를 건설한 표트르 대제의 창조물이다. 페테르란 피터(베드로), 부르크 또는 그라드는 마을(도시), 상트페테르부르크란 베드로를 수호 성자로 삼은 도시를 뜻한다.

한때 페테르부르크는 니콜라이 1세에 의하여 러시아 고유어인 페테로그라드라 불리기도 했다. 20세기 소비에트 연방 공화국 시절에는 스탈린에 의해 혁명가 레닌을 찬양하는 의미로 레닌그라드로 불렸다. 이런 사정으로 이곳은 어느 시기의 지도, 책, 작품을 펼쳐보느냐에 따라 이름이 달라서 혼동될 때가 있다. 푸시킨의 《청동의 기사》(1833)와 도스토옙스키의 《죄와 벌》(1866)에는 페테르부르크, 1917년 제정 러시아의 붕괴와 레닌의 10월 혁명 승리 과정을 다룬 세르게이 예이젠시테인의 흑백 무성 영화 〈10월〉(1927)에는 페트로그라드로 표기되어 있다.

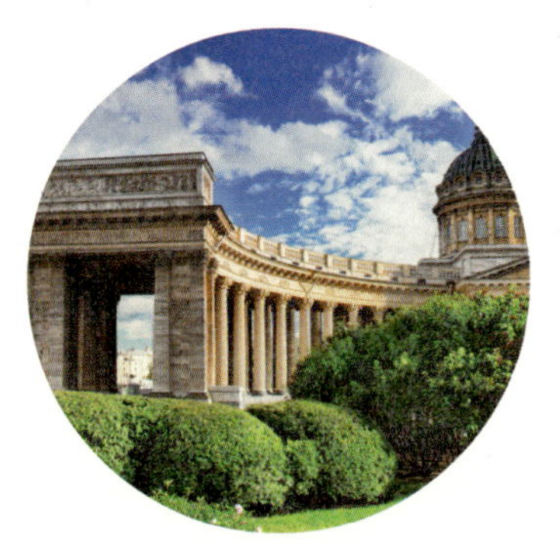

파리에 센 강이, 런던에 템즈 강이 흐르듯, 상트페테르부르크에는 네바 강이 흐른다. 루브르 박물관이 센 강 중앙에, 대영 박물관이 템즈 강 지척에 자리잡고 있듯, 네바 강변에는 에르미타주 박물관이 자리잡고 있다. 세계적인 박물관 소장품들이 대개 제국주의로 맹위를 떨치면서 쟁취해온 전리품과 수집품으로 구성된 반면 에르미타주는 열렬한 수집가였던 예카테리나 2세가 개인적으로 구입한 소장품으로 시작했다.

센 강과 템즈 강과 구별되는 네바 강만의 매력은 강을 따라 운하를 거느리고 있는 것이다. 강과 운하 주위에 자리잡은 웅장한 궁전과 박물관, 극장들은 화려했던 상트페테르부르크의 과거를 대변한다. 도시 전체가 유네스코 문화유산에 등록되어 있는 것만으로도 짐작할 수 있듯이, 상트페테르부르크는 며칠 스치듯 지나가는 도시가 아니다. 네바 강을 따라, 넵스키 대로를 따라 도시 자체가 박물관인 페테르부르크의 아름다움을 감상해야 한다.

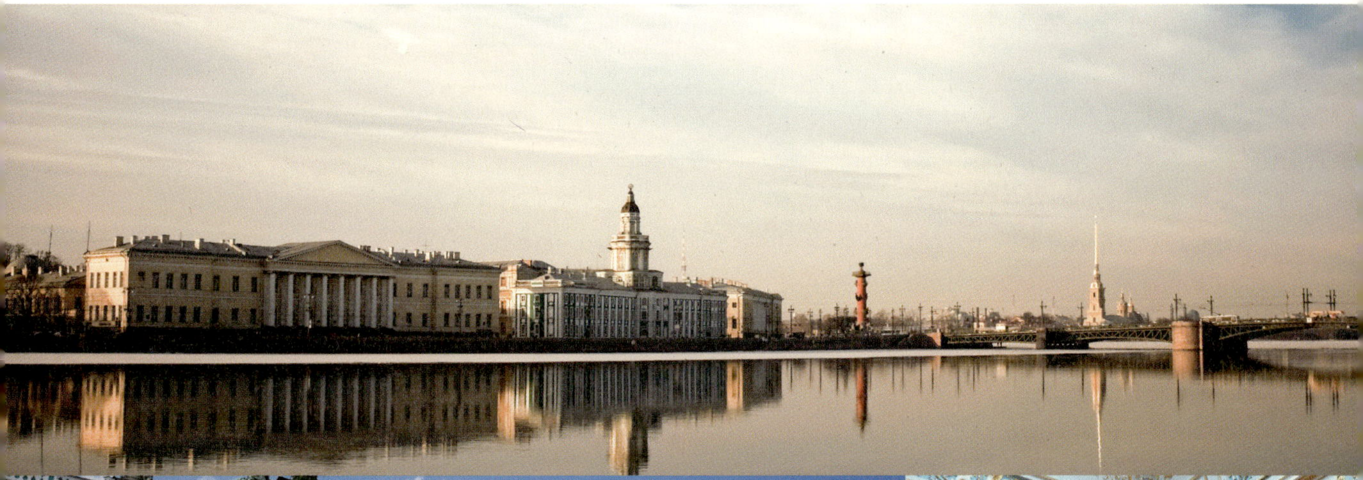

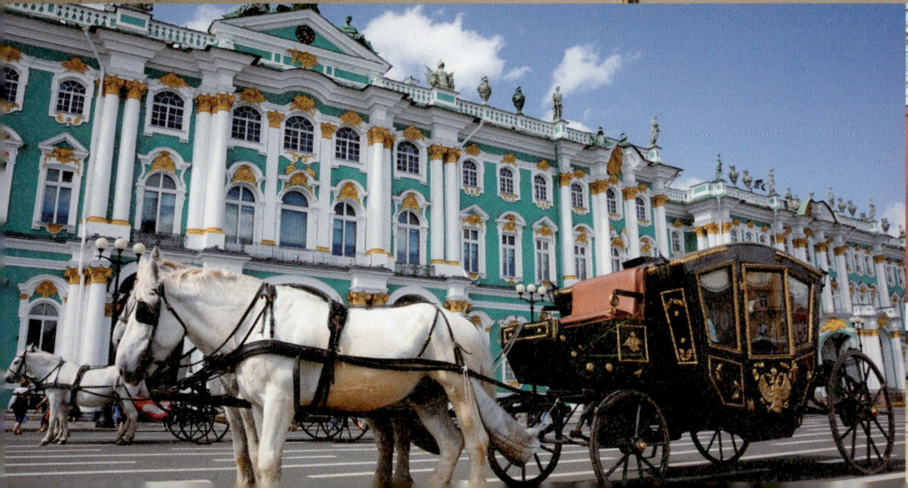

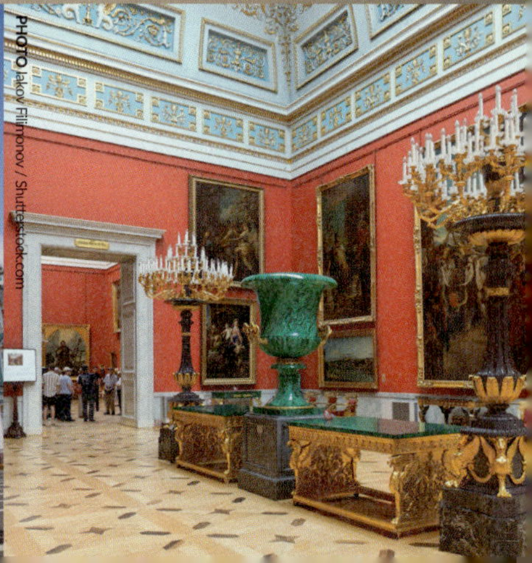

PHOTO Iakov Filimonov / Shutterstock.com

Давай пойдём вместе со мной, поплаваем в бассейне.

나와 함께 수영장 가서 수영하자.

УРОК 16

- 청유형 명령
- много와 мало 사용법
- 동사 занимать & заниматься 사용법
- 소사 -то와 -нибудь

Дима	Ты занима́ешься каки́м-нибудь ви́дом спо́рта?
Вера	Когда́ я учи́лась в шко́ле, я занима́лась конька́ми.
	А тепе́рь, к сожале́нию, ниче́м не занима́юсь.
Дима	Ве́ра, в совреме́нной жи́зни спорт занима́ет о́чень ва́жное ме́сто.
	Тебе́ ну́жно занима́ться спо́ртом для здоро́вья.

만세
포인트

1 너 요즘 무슨 운동하는 거 있니?

Ты занима́ешься каки́м-нибудь ви́дом спо́рта?

'하고 있는 운동 종목'을 물어 볼 때는 Каки́м ви́дом спо́рта ты занима́ешься?라고 한다. 이때 каки́м спо́ртом이라고 말하지 않고, 구체적으로 каки́м ви́дом спо́рта라고 물어봐야 한다. '아무 운동도 하지 않는다'고 답변할 때는 Я ниче́м не занима́юсь라고 한다. 동사 занима́ться는 조격과 결합한다.

Чем вы занима́етесь? 너는 무엇을 공부하니?
Я занима́юсь ру́сским языко́м. 나는 러시아어를 공부한다.

2 운동을 할 기회가 없어.

У меня́ нет возмо́жности занима́ться спо́ртом.

'~할 기회가 있다'고 말할 때, У кого́ возмо́жность + 동사원형 또는 У кого́ шанс + 동사원형으로 표현한다.

У меня́ возмо́жность (шанс) пое́хать в Росси́ю. 나는 러시아에 갈 수 있는 기회가 있다.

У него́ возмо́жность (шанс) рабо́тать в предприя́тии Яндекс. 그는 얀덱스에서 일할 기회가 생겼다.

Вера Зна́ю, но спорт отнима́ет мно́го вре́мени.

У меня́ вре́мени на спорт не хвата́ет.

А та́кже, у меня́ нет возмо́жности

занима́ться спо́ртом.

Дима Не говори́ так!

Сейча́с дава́й пойдём вме́сте со мной,

попла́ваем в бассе́йне.

занима́ться (+조격)	~에 종사하다
како́й-нибудь	어떤 (의문문에 사용)
вид спо́рта	스포츠 종목
коньки́	스케이트 (복수로 사용)
ничто́	아무것도
занима́ться спо́ртом	운동하다
совреме́нный	현대의
занима́ть (како́е) ме́сто	~한 위치를 차지하다
здоро́вье	건강
отнима́ть	빼앗다
хвата́ть	충분하다
попла́вать	수영하다 (плавать 완료상)
бассе́йн	수영장

지마 너 요즘 무슨 운동하는 거 있니? **1**
베라 학교 다닐 때는 스케이트를 했어.
　　 그런데 지금은 유감스럽게도 아무 운동도 안 하고 있어.
지마 베라, 현대인의 삶에서 스포츠는 매우 중요한 위치를 차지해.
　　 넌 건강을 위해서 운동을 해야 해.
베라 알아, 하지만 운동을 하면 시간을 많이 뺏겨.
　　 난 운동을 할 시간이 부족해.
　　 게다가 운동을 할 기회가 없어. **2**
지마 그런 말 하지마!
　　 지금 당장 나와 함께 수영장 가서 수영하자. **3**

---

3 나와 함께 수영장 가서 수영하자.

Дава́й пойдём вме́сте со мной, попла́ваем в бассе́йне.

'~하자 / ~합시다'라는 청유명령을 할 때 дава́й, дава́йте + 동사 1인칭 복수형을 사용한다.

Дава́й схо́дим в кино́. 영화관 가자.
Дава́йте познако́мимся. 서로 알고 지냅시다.
Дава́йте встре́тимся в три часа́. 3시에 만납시다.

1 청유형 명령

러시아어에서 '~하자 / ~합시다'의 청유형 명령은 дава́й, дава́йте와 동사 1인칭 복수형을 결합시켜 만든다. 불완료상, 완료상 모두 사용할 수 있는데, 일회성 행위를 나타낼 때는 주로 완료상 동사를, 지속적인 행위를 나타낼 때는 불완료상 동사를 사용한다.

Дава́йте занима́емся ру́сским язы́ком.	러시아어를 공부합시다.
Дава́йте рабо́таем усе́рдно.	열심히 일합시다.
Дава́те познако́мимся.	서로 인사하고 지냅시다.
Дава́й пойдём.	가자.
Дава́й схо́дим на конце́рт.	음악회 가자.

2 мно́го와 ма́ло 사용법

'많은'과 '적은'을 의미하는 мно́го와 ма́ло는 가산명사와 결합할 때는 복수 생격과, 불가산 명사와 결합할 때는 단수 생격과 결합한다.

У нас мно́го (ма́ло) рабо́ты.	우리는 일이 많다(적다).
У нас мно́го (ма́ло) вре́мени.	우리는 시간이 많다(적다).
Прошло́ мно́го (ма́ло) вре́мени.	많은(적은) 시간이 흘렀다.
Да́йте мно́го (ма́ло) мя́са.	고기를 많이(조금) 주세요.
Там мно́го (ма́ло) наро́ду.	거기에는 사람들이 많다(적다).
На столе́ мно́го (ма́ло) книг.	책상 위에 책이 많다(적다).
Повторя́йте мно́го раз.	여러 번 따라 하세요.
У меня мно́го (ма́ло) ша́нсов вести́ би́знес.	나는 사업할 기회가 많다(적다).

동사 занима́ть는 다음의 의미를 가진다.

1. (위치 등을) 차지하다

Спорт занима́ет ва́жное ме́сто в сореме́нной жи́зни.

스포츠는 현대 생활에서 중요한 위치를 차지한다.

Росси́я занима́ла пе́рвое ме́сто в Зи́мней Олимпиа́де в Со́чи.

러시아는 소치 동계 올림픽에서 1위를 차지했다.

Росси́я занима́ет веду́щее ме́сто в ми́ре по потенциа́лу нау́ки и техноло́гии.

과학 기술 발전 역량 면에서 러시아는 세계에서 선두적 위치를 차지하고 있다.

2. 직책을 맡다

Он занима́ет пост дире́ктора.

그는 사장 자리에 있다.

С.С. Собя́нин занима́ет пост мэ́ра Москвы́.

소뱌닌은 모스크바 시장직을 맡고 있다.

Пан Ги Мун занима́ет пост генера́льного секрета́ря ООН.

반기문은 유엔 사무총장직을 맡고 있다.

3. (시간 등이) 걸리다

Спорт занима́ет мно́го вре́мени.

스포츠는 시간을 많이 잡아먹는다.

Ско́лько вре́мени занима́ет доро́га от до́ма до рабо́ты?

집에서 직장까지 얼마나 걸립니까?

Ско́лько вре́мени занима́ет доро́га от до́ма до университе́та.

집에서 학교까지 시간이 얼마나 걸립니까?

4. 점령하다

Враг заня́л го́род.

적이 도시를 점령했다.

Наполео́н заня́л Москву́ без бо́я.

나폴레옹은 전쟁을 하지 않고 모스크바를 점령하였다.

동사 **занима́ться**는 조격과 결합하며 다음의 의미를 가진다.

1. 종사하다 / ~를 하다

Он лю́бит занима́ться спо́ртом.

그는 운동하는 것을 좋아한다.

На́ши роди́тели занима́ются земледе́лием.

우리 부모님은 농사를 짓는다.

Мы занима́емся вопро́сами эколо́гии.

우리는 환경 문제를 담당한다.

Э́та компа́ния занима́ется торго́влей в Интерне́те.

이 회사는 인터넷 무역업체이다.

Чем ты занима́ешься?

너는 뭐하고 있니?

2. 공부하다 / 전공하다

Я занима́юсь ру́сским языко́м.

나는 러시아어를 전공한다.

Я занима́юсь ру́сской культу́рой.

나는 러시아 문화를 전공한다.

Он занима́ется биотехноло́гией.

그는 생명공학을 전공으로 한다.

Они занима́ются коре́йским языко́м.

그들은 한국어를 공부한다.

소사 -то가 붙은 대명사는 화자에게만 알려지지 않은 대상이나 인물에 대해 이야기할 때, 사용한다. 하지만 다른 사람에게는 알려진 대상이나 인물일 수도 있다.

Кто́-то постуча́л в дверь.

누군가가 문을 두드렸다. (어떤 사람이 문을 두드렸는데, 그 사람이 누구인지를 화자는 모르는 것을 의미함)

Что́-то упа́ло на пол.

뭔가가 바닥에 떨어졌다. (어떤 물건이 떨어졌는데, 그 물건이 무엇인지를 화자는 모르는 것을 의미함)

소사 -нибудь가 붙은 대명사는 화자뿐만 아니라, 다른 사람에게도 알려지지 않은 불특정한 대상이나 인물을 나타낸다.

Позови́ кого́-нибудь.

누구라도 (아무라도) 불러라.

Да́йте мне что́-нибудь почита́ть.

읽을거리를 무엇이라도 (아무거나) 주세요.

1. 다음 질문에 대해 러시아어로 답하세요.

❶ Каким видом спорта вы занимаетесь?

____

❷ Почему вы не занимаетесь спортом?

____

❸ Чем вы занимаетесь?

____

❹ Сколько времени занимает дорога от дома до работы?

____

2. 다음을 보기처럼 청유형 명령문으로 만드세요.

> Оразец : Мы гуляем в парке.
>
> → Давайте гуляем в парке.

❶ Мы ходим в театр. → ___________________________________

❷ Мы играем в футбол. → ___________________________________

❸ Мы занимаеися русским языком. → ___________________________________

❹ Мы работаем усердно. → ___________________________________

3. 다음에 알맞은 격 형태를 넣으세요.

❶ У нас мало (время).

❷ У меня много (шанс) поехать в Россию.

❸ Я занимаюсь (русская литература).

❹ Он занимает (пост) директора.

❺ (Какой вид спорта) ты занимаешься?

 **4.** 다음 문맥에 맞게 알맞은 형태를 선택하세요.

❶ (Кто-то / Кто-нибудь) постучал в дверь.

❷ (Что-то / Что-нибудь) упало на пол.

❸ Позови (кого-нибудь / кого-то).

❹ Дайте мне (что-нибудь / что-то) почитать.

 **5.** 다음을 러시아어로 옮기세요.

❶ 당신은 어떤 운동을 하세요?

____

❷ 운동은 많은 시간을 빼앗기 때문에, 나는 아무 운동도 하지 않는다.

____

❸ 그는 러시아에서 사업을 할 수 있는 좋은 기회를 얻었다.

____

❹ 우리는 여가시간이 많지 않다.

____

❺ 인사하고 지냅시다.

____

16-2. MP3 **16**

A Каки́м ви́дом спо́рта ты занима́ешься?　어떤 운동을 하니?
B Я занима́юсь конька́ми.　스케이트 해.

A Каки́м ви́дом спо́рта вы занима́етесь?　어떤 운동을 하시나요?
B Я занима́юсь футбо́лом.　축구 해요.

A Каки́м ви́дом спо́рта ты занима́ешься?　어떤 운동을 하니?
B Я занима́юсь лы́жами.　스키 타.

A Каки́м ви́дом спо́рта вы занима́етесь?　어떤 운동을 하시나요?
B Я игра́ю в бадминто́н.　배드민턴 쳐요.

A Каки́м ви́дом спо́рта ты занима́ешься?　어떤 운동을 하니?
B Я игра́ю в го́льф.　골프 쳐.

A Каки́м ви́дом спо́рта вы занима́етесь?　어떤 운동을 하시나요?
B Я ниче́м не занима́юсь.　아무 운동도 안 해요.

A Почему́ ты не занима́ешься спо́ртом?　왜 운동을 안 하니?
B Спорт отнима́ет мно́го вре́мени.　운동하면 시간을 많이 뺏겨.

A Почему́ вы не занима́етесь спо́ртом?　왜 운동을 안 하세요?
B Не остаётся вре́мени на спорт.　운동할 시간이 없어요.

A Почему́ ты не занима́ешься спо́ртом?　왜 운동을 안 하니?
B У меня́ не хвата́ет вре́мени на спорт.　운동할 시간이 충분하지 않아.

A Почему́ вы не занима́етесь спо́ртом?　왜 운동을 안 하세요?
B У меня́ нет возмо́жности занима́ться спо́ртом.　운동할 기회가 없어요.

футбо́л	축구
волейбо́л	배구
баскетбо́л	농구
бейсбо́л	야구
гандбо́л	핸드볼
те́ннис	테니스
бадминто́н	배드민턴
пинг-по́нг	탁구
хокке́й	하키
аэро́бика	에어로빅
пробе́жка	조깅
гимна́стика	체조

футболи́ст	축구선수
врата́рь	골키퍼
пе́рвый тайм	전반전
второ́й тайм	후반전
пас	패스
пас голово́й	헤딩
мяч	공
тре́нер	코치
углово́й	코너
удале́ние с по́ля	아웃
боле́льщик(-щица)	팬
наруше́ние	파울

велоспо́рт	사이클링
похо́д	하이킹
плава́ние	수영
бо́улинг	볼링
фигу́рное ката́ние	피겨 스케이팅
лы́жи	스키
стади́он	스타디움
футбо́льный матч	축구경기
футбо́льное по́ле	축구장
воро́та	골문

свобо́дный удар	프리킥
гол	골
офса́йд	오프사이드
пена́льти	페널티
игро́к	선수
Олмпиа́да (Олимпи́йские игры́)	올림픽
Ле́тняя Олимпиа́да (Ле́тние Олимпи́йские игры́)	하계 올림픽
Зи́мняя Олимпиа́да (Зи́мние Олимпи́йские игры́)	동계 올림픽

"스포츠는 우리의 힘"
Наиболее популярные виды спорта в России

러시아는 전 세계적인 스포츠 강국이다. 러시아인들은 운동하는 것을 좋아하며, 스포츠 관람과 응원을 취미로 삼고 있다. 스포츠 발전과 스포츠 산업 육성을 위한 정부의 의지도 강하며, 발전 계획과 지원도 체계적으로 추진되고 있다. 그 일례로 소치 올림픽 유치를 위해 올림픽 조직위원회에서 푸틴 대통령이 직접 프레젠테이션을 하고 적극적인 로비 활동을 벌였다.

러시아에서 가장 인기를 누리는 스포츠 경기는 축구, 하키, 스키 사격, 농구 등의 종목이다. 스키, 육상, 수영과 테니스 경기가 그 뒤를 따른다. 러시아 출신 테니스 선수 마리아 유리예브나 샤라포바(Мария Юрьевна Шарапов)와 이종격투기 선수 표도르 에밀리아넨코(Фёдор Влади́мирович Емелья́ненко)는 우리나라에서도 인기가 많은 스포츠 스타다. 여론조사를 통해 러시아 스포츠 인기 종목 탑 10이 다음과 같이 선정되었다.

1위 - 축구

2위 - 하키

3위 - 배구

4위 - 농구

5위 - 육상

6위 - 스키

7위 - 복싱

8위 - 피겨 스케이팅

9위 - 테니스

10위 - 체스

ДАВАЙ ПОЙДЁМ ВМЕСТЕ СО МНОЙ, ПОПЛАВАЕМ В БАССЕЙНЕ.   235

Здоровье – это самое важное в жизни.

인생에서 제일 중요한 것은 건강입니다.

УРОК
17

- 형용사 최상급
- нельзя 사용법
- надо 사용법
- 나이에 관한 표현
- 동사 советовать 사용법
- 질병에 관한 표현

Врач	Что у вас боли́т?
Толя	У меня́ грипп.
Врач	А на что вы жа́луетесь?
Толя	Я пло́хо сплю и бы́стро уста́ю.
	Голова́ боли́т.
	У меня́ плохо́й аппети́т.
Врач	Кака́я у вас температу́ра?
Толя	Сего́дня у меня́ норма́льная температу́ра.
Врач	Я вы́пишу два реце́пта.
	Э́то реце́пт на лека́рство от гри́ппа.
	А э́то сре́дство от бессо́ницы.

만세 포인트

1 어디가 아프신가요?
Что у вас боли́т?

'몸 상태', '아픈 곳'을 묻는 표현이다. '어디가 아프십니까?'라고 물을 때, 이 표현과 함께 다음의 표현을 사용할 수 있다.

Что с ва́ми?
На что вы жа́луетесь?

'몸 컨디션'을 물어 볼 때, 다음의 표현도 함께 사용한다.

Как ты чу́вствуешь себя́?
Как вы чу́вствуете себя́?

2 감기 걸렸습니다.
У меня́ грипп.

'~병에 걸렸다'라는 표현을 할 때, У кого́ + 병명을 쓴다.

У меня́ ка́шель.   나는 기침감기에 걸렸다.
У меня́ головна́я боль.   나는 두통이 있다.

'~가 아프다'라는 표현을 할 때는, У кого́ + боли́т(боля́т) + 신체부위 명칭을 쓴다.

У меня́ боли́т желу́док.   위가 아프다.
У меня́ боля́т руки́.   팔이 아프다.

Принима́йте лека́рство 3 ра́за в день по́сле еды́.

Нельзя́ пить алкого́ль и кури́ть.

И сове́тую вам отдыха́ть и принима́ть витами́ны или пить лимо́нный сок.

Вам уже́ за со́рок, и тепе́рь вам на́до обраща́ть внима́ние на здоро́вье.

Здоро́вье – э́то са́мое ва́жное в жи́зни.

Говоря́т, что «Е́сли теря́ешь здоро́вье, то теря́ешь всё».

Толя   Спаси́бо огро́мное за сове́т.

의사	어디가 아프신가요? [1]
톨랴	감기 걸렸습니다. [2]
의사	그리고 어디가 불편하십니까?
톨랴	잠을 잘 못 자고 쉽게 피로를 느낍니다.
	머리가 아프고요
	식욕도 없습니다.
의사	열은 없나요?
톨랴	오늘 체온은 정상입니다.
의사	처방전을 두 개 써드리지요.
	하나는 감기약이고 하나는 수면제입니다.
	하루에 세 번 식후에 약을 복용하세요.
	금주, 금연해야 합니다.
	충분히 휴식을 취하세요.
	그리고 비타민을 섭취하거나 레몬주스를 마실 것을 권합니다.
	당신 나이가 마흔이 넘었으니, 이제 건강에 신경 쓰셔야 합니다.
	인생에서 제일 중요한 것은 건강입니다. [3]
	'건강을 잃으면 모든 것을 다 잃는 것이다'라는 말도 있잖아요.
톨랴	감사합니다.

боле́ть   아프다

грипп   감기

жа́ловаться (+на 대격)
~에 대해 불평하다
(жалуюсь, жалуешься: жалуются)

спать   자다 (сплю, спишь: спят)

уста́ть   피곤하다

голова́   머리

аппеци́т   식욕

температу́ра   온도, 체온

норма́льный   정상적인

вы́писать   처방하다
(выпишу, выпишешь: выпишут)

реце́пт   처방전

лека́рство от гри́ппа   감기약

сре́дство от бессо́ницы   수면제

принима́ть лека́рство   약을 복용하다

еда́   식사

по́сле еды́   식후에

нельзя́ (+불완료상 동사원형)   ~해서는 안 된다

сове́товать   충고하다
(советую. советуешь: советуют)

витами́ны   비타민

лимо́нный   레몬의

сок   주스

на́до (+동사원형)   ~해야만 한다

обраща́ть внима́ние (+ на 대격)
~에 주의를 기울이다

теря́ть   잃다

сове́т   충고

---

3 인생에서 제일 중요한 것은 건강입니다.

Здоро́вье – э́то са́мое ва́жное в жи́зни.

최상급 표현이다. 이 답변에 대한 질문은 다음과 같이 할 수 있다.

Как вы ду́маете, что са́мое ва́жное в жи́зни.?

최상급 표현을 익히기 위해 '백설공주'에서 마녀 왕비의 대사 '거울아, 거울아, 이 세상에서 누가 제일 예쁘니?'를 어떻게 표현하는지 살펴보자.

Зе́ркальце! Зе́ркальце! Кто са́мая краси́вая же́нщина в ми́ре?

1 형용사 최상급

러시아어에서 형용사 최상급 만드는 방법은 단순 최상급과 복합 최상급이 있다.

1. 단순 최상급

단순최상급은 접미사 -айш-나 -ейш-를 붙여 만든다.

вели́кий – велича́йший　　(к가 ч로 자음전이가 일어남)

глубо́кий – глубоча́йший　　(к가 ч로 자음전이가 일어남)

ннтере́сный – интере́снейший

краси́вый – краси́вейший

2. 복합 최상급

복합 최상급은 cáмый를 부가하여 만든다. 복합 최상급이 단순 최상급 형태보다 더 많이 사용된다.

вели́кий – са́мый вели́кий

глубо́кий – са́мый глубо́кий

ннтере́сный – са́мый ннтере́сный

краси́вый – са́мый краси́вй

О́зеро Байкал – са́мое глубо́кое (глубоча́йшее) о́зеро в ми́ре.
바이칼 호수는 세계에서 가장 큰 호수이다.

Кра́сная пло́щадь – са́мая изве́стная пло́щадь Москвы́.
붉은광장은 모스크바에서 가장 유명한 광장이다.

Ру́сский язы́к – са́мый краси́вый язы́к в ми́ре.
러시아어는 세계에서 가장 아름다운 언어이다.

최상급을 사용한 '~에서 최고다'라는 표현을 다양하게 나타낼 수 있다. '바이칼 호수는 세계에서 가장 깊다'라는 표현을 다음과 같이 다양하게 나타낼 수 있다.

명사 생격을 사용하여

О́зеро Байка́л – са́мое глубо́кое (глубоча́йшее) о́зеро ми́ра.

в + 전치격을 사용하여

О́зеро Байка́л – са́мое глубо́кое (глубоча́йшее) о́зеро в ми́ре.

из + 복수생격을 사용하여

О́зеро Байка́л – са́мое глубо́кое (глубоча́йшее) из озёр ми́ра.

среди + 복수생격을 사용하여

О́зеро Байка́л – са́мое глубо́кое (глубоча́йшее) среди озёр ми́ра.

2 нельзя **사용법**

нельзя́는 '금지되어 있다'와 '불가능하다' 두 가지 의미를 갖는다.

1. '금지'의 의미

'~가 금지되어 있다' '~를 해서는 안된다'를 표현할 때는 불완료상 동사와 결합한다.

Нельзя́ кури́ть.	담배 피워서는 안됩니다.
Нельзя́ ку́шать фаст-фуд.	패스트푸드를 먹으면 안됩니다.
Нельзя́ пить холо́дное.	찬 음료를 마시면 안됩니다.
Нельзя́ есть моро́женое.	아이스크림을 먹으면 안됩니다.

2. '불가능'의 의미

'~할 수 없다'를 표현할 때는 완료상 동사와 결합한다.

У нас нет ключа, и в комнату нельзя́ войти́.

열쇠가 없어서 방에 들어갈 수 없다.

Мой компью́тер не рабо́тает, и мне нельзя́ порабо́тать.

컴퓨터가 고장나서 일을 할 수 없다.

3 надо 사용법

'~를 해야만 한다'의 당위성을 표현할 때 [на́до + 동사원형]을 사용할 수 있다. 이때 의미상의 주체는 여격으로 표현한다.

Я чу́вствую себя́ пло́хо. Мне на́до лежа́ть до́ма.

나는 몸 상태가 좋지 않다. 집에 누워 있어야 한다.

У вас анги́на. Вам на́до пить горя́чий чай.

당신은 후두염입니다. 따뜻한 차를 마셔야 합니다.

У тебя́ грипп. Тебе́ на́до одева́ться потепле́е.

넌 감기 걸렸어. 옷을 따뜻하게 입어야 해.

У них глаза́ боля́т. Им на́до принима́ть лека́рство.

그들은 눈병 걸렸다. 약을 복용해야 한다.

4 나이에 관한 표현

나이 표현을 할 때는 나이 먹은 사람은 여격으로 나타내고 수사와 명사 год를 사용한다. 수사 1 다음에는 год(단수 주격), 2, 3, 4 다음에는 го́да(단수 생격), 5 이상의 경우에는 лет(복수 생격) 와 결합한다. 두 자리 수일 경우에는 끝에 오는 숫자에 따라 год를 변화시킨다.

Ско́лько тебе́ лет?

너는 몇 살이니?

Мне 21 год.

스물 한 살이야.

Мне 23 го́да.

스물 세 살이야.

Мне 18 лет.

열 여덟 살이야.

Мне 30 лет.

서른이야.

Ско́лько вам лет, е́сли не секре́т?

비밀이 아니라면, 몇 살인가요?

Мне за со́рок.

마흔 넘었습니다.

5 동사 советовать 사용법

'~에게 ~할 것을 충고하다'라고 말할 때 [동사 сове́товать + 여격 + 동사원형]을 사용하여 표현한다.

Я сове́тую вам занима́ться спо́ртом.
나는 당신에게 운동을 하라고 충고합니다.

Врач сове́тует мне принима́ть витами́ны.
의사는 나에게 비타민을 복용하라고 조언한다.

Мои́ роди́тели сове́туют мне эконо́мить де́ньги.
부모님은 나에게 돈을 절약하라고 조언하셨다.

говори́ть, предлага́ть, рекомендова́ть 동사도 сове́товать 동사처럼 여격 + 동사원형 표현과 결합한다.

Ма́ма всегда́ говори́т мне вести́ себя́ хорошо́.
엄마는 항상 내게 처신을 잘하라고 말씀하신다.

Профе́ссор предлага́ет мне уча́ствовать в прое́кте.
교수는 나에게 프로젝트에 참여하라고 제안한다.

Я хочу́ порекомендова́ть вам пое́хать в Росси́ю на стажиро́вку.
나는 당신에게 러시아 연수를 가라고 권고하는 바입니다.

러시아어로 '아프다'라는 표현을 할 때, 형용사 больно́й의 단어미형 [бо́лен, больна́, больны́]를 쓴다.

> Он бо́лен.

> Она больна́.

> Они больны́.

'~병에 걸렸다'라는 표현을 할 때는 [у кого́ +병명]을 쓴다.

У меня́ грипп.	나는 감기에 걸렸다.
У меня́ ка́шель.	나는 기침감기에 걸렸다.
У меня́ на́сморк.	나는 코감기에 걸렸다.
У меня́ головна́я боль.	나는 두통이 있다.
У меня́ зубна́я боль.	나는 치통이 있다.

'(신체 부위의) ~가 아프다'라는 표현을 할 때는 [у кого́ + боли́т (боля́т) + 신체부위 명칭]을 사용한다.

У меня́ боли́т голова́.	나는 머리가 아프다.
У меня́ боля́т желу́док.	나는 위가 아프다.
У меня́ боля́т зу́бы.	나는 이가 아프다.
У меня́ боля́т но́ги.	나는 다리가 아프다.

1. '만약 ~라면'의 뜻을 갖는 '조건절'로 사용된다.

Éсли кто винова́т, то то́лько я оди́н.

만약 잘못이 있는 사람이 있다면, 오로지 내 잘못이다.

Éсли теря́ешь здоро́вье, то теря́ешь всё.

건강을 잃게 되면, 모든 것을 다 잃는다.

2. '비록 ~할지라도'의 뜻을 갖는 '양보절'로 사용된다.

Éсли да́же он не придёт, я всё равно́ пойду́.

그가 오지 않더라도, 나는 갈 것이다.

Éсли э́та ме́бель не краси́ва, то удо́бна.

이 가구는 아름답진 않더라도, 편안하다.

3. '만약 ~이었더라면'의 뜻을 갖는 (비현실적인) '가정'을 나타낸다.

Éсли бы мне ещё хоть раз уви́деть его́!

그를 한 번이라도 볼 수 있다면!

Éсли бы я был бизнесме́ном, я помо́г бы бездо́мным живо́тным.

내가 사업가라면, 집 없는 동물들을 도와줄 것이다.

1. 다음 답변에 맞는 러시아어 질문을 만드세요.

❶ - ____?

   - У меня болит голова.

❷ - ____?

   - Я болею гриппом.

❸ - ____?

   - Я чувствую себя плохо.

❹ - ____?

   - У меня кашель.

❺ - ____?

   - Мне тридцать лет.

2. 다음을 보기처럼 최상급으로 만드세요.

> Образец : Санкт-Петербург красивый город.
>
> → Санкт-Петербург самый красивый город в мире.

❶ Это умный студент в классе.

→ ____

❷ Озеро Байкал - глубокое озеро.

→ ____

❸ Пушкин А.С. - великий писатель.

→ ____

❹ Красная площадь - известная площадб Москвы.

→ ____

3. 다음에 알맞은 동사를 선택하세요.

❶ Нельзя (курить / покурить).

❷ Нельзя (кушать / покушать) фестфуд.

❸ Нельзя (пить / попить) холодное.

❹ Нельзя (есть / съесть) мороженое.

❺ У нас нет ключа, и в комнату нельзя (входить / войти).

❻ Мой компьютер не работает, и мне нельзя
(работать / поработать).

❼ Я чувствую себя плохо. Мне надо (лежать / полежать) дома.

❽ У вас ангина. Вам надо (пить / попить) горячий чай.

❾ У тебя грипп. Тебе надо (одеваться / одеться) потеплее.

❿ У них глаза болят. Им надо (принимать / принять) лекарство.

4. 다음을 러시아어로 옮기세요.

❶ 인생에서 가장 중요한 것은 건강이다. → ______________________

❷ 어디가 불편하십니까? → ______________________

❸ 의사는 나에게 운동을 하라고 조언하였다. → ______________________

❹ 나는 감기에 걸려서 집에서 쉬어야 한다. → ______________________

❺ 너는 몸 상태가 좋지 않으니 술을 마셔선 안 된다. → ______________________

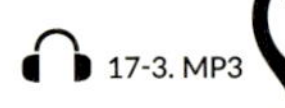
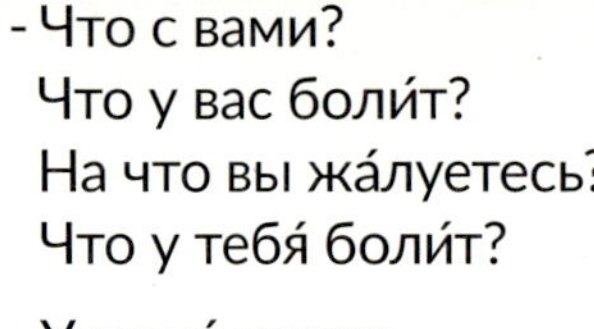

- Что с вами?	무슨 문제가 있나요?
Что у вас боли́т?	어디가 아프세요?
На что вы жа́луетесь?	어디가 불편하세요?
Что у тебя́ боли́т?	어디가 아프니?
- У меня́ грипп.	감기에 걸렸습니다.
Я боле́ю гриппом.	
Я бо́лен гриппом.	
У меня́ боли́т живо́т.	위가 아픕니다.
нос.	코가 아픕니다.
голова́.	머리가 아픕니다.
го́рло.	목이 아픕니다.
глаза́.	눈이 아픕니다.
зу́бы.	이가 아픕니다.
руки́.	팔이 아픕니다.
ноги́.	다리가 아픕니다.
У меня́ грипп.	감기에 걸렸어요.
анги́на.	후두염에 걸렸어요.
ка́шель.	기침감기에 걸렸어요.
насмо́рк.	코감기에 걸렸어요.
головна́я боль.	두통이 있어요.
зубна́я боль.	치통이 있어요.
- Вы чу́вствуете себя́ пло́хо.	몸 상태가 안 좋습니다.
Нельзя́ занима́ться спо́ртом.	운동을 하지 말고 쉬세요.
На́до отдыха́ть.	
- У вас анги́га. Нельзя́ пить холо́дное.	후두염에 걸렸어요. 찬 거 드시면 안됩니다.
Надо пить горя́чий чай.	따뜻한 차를 드세요.
- У вас грипп. Нельзя́ есть моро́женое.	감기입니다. 아이스크림 드시지 마세요.
На́до одева́ться потепле́е.	옷을 따뜻하게 입으세요.
- Вы о́чень уста́ли.	매우 피로한 상태입니다.
Нельзя́ рабо́тать. На́до лежа́ть до́ма.	일하지 마세요. 집에 누워 있어야 합니다.
- У вас глаза боля́т.	눈병에 걸렸어요.
Нельзя́ пла́вать в бассе́йне.	수영해서는 안됩니다.
На́до принима́ть лека́рство.	약을 복용해야 합니다.
- Для здоро́вья я сове́тую вам занима́ться спо́ртом и принима́ть витами́ны.	건강을 위해서 운동을 하고 비타민을 복용할 것을 권합니다.

17-4. MP3

СПИД	에이즈
а́стма	천식
просту́да	감기
ка́шель	기침감기
на́сморк	몸살감기
грипп	독감
запо́р	변비
диабе́т, сахарная боле́знь	당뇨병
поно́с	설사
энцефали́т	뇌염
головна́я боль	두통
зубна́я боль	치통
гипотерми́я	저체온증

серде́чные неду́ги	심장질환
о́пухоль	종양
жёлтая лихора́дка	말라리아
высо́кое кровяно́е давле́ние	고혈압
инфекци́я	감염
бессо́ница	불면증
воспале́ние сре́днего у́ха	중이염
воспале́ние по́чек	방광염
боль	통증
САРС (Антипи́чная пневмони́я)	사스
птичий грипп	조류독감

воспале́ние лёгких	폐렴
боле́знь Ла́йма	라임병
тошнота́	구역질
перело́м ко́сти	골절
ожо́г	화상
анги́на	후두염
холе́ра	콜레라
дифтери́я	디프테리아
пищево́е отравле́ние	식중독
гепати́т	간염

тиф	티푸스
брюшно́йтиф	장티푸스
сыпно́й тиф	발진티푸스
я́зва	궤양
я́зва желу́дка	위궤양
ра́на	상처
венери́ческая боле́знь	성병

사우나

"향기로운 자작나무 바냐"
Русская баня

바냐(баня)는 러시아인들의 건강 유지와 스트레스 해소 방법 중 하나이다. 바냐는 러시아의 전통적인 사우나인데 겨울철 추위를 견디기 위해 10세기부터 시작되었다고 한다. 자작나무로 지은 집 안에 돌이나 바위를 뜨겁게 달구어 그 위에 물을 뿌려 발생되는 증기를 이용한 사우나인데 자작나무의 잎가지를 물에 적셔 전신을 두들기며 땀과 노폐물을 빼내고 혈액 순환을 돕는 상쾌한 사우나를 즐길 수 있다. 은은한 자작나무 향이 온몸을 감싸주어 여행의 피로도 말끔하게 풀어준다.

고대 러시아 연대기에서는 러시아인들이 바냐를 즐기면서 자작나무 가지로 자신의 몸을 두드리는 풍습을 하느님 앞에서 회개하는 믿음이 신실한 민족이라고 기록하기도 하였다. 러시아의 바냐는 단순히 목욕만 하는 곳이 아니라, 음식과 술과 담소를 즐기는 사교의 장소이기도 하다.

러시아 사우나는 도시보다는 시골에서 즐기는 것이 제격이다. 사우나에 들어가면 벽 한쪽에 검은 돌이 쌓인 난로가 있다. 도시에서는 보통 가스나 전기로 난로를 달구지만, 시골은 아직도 화로처럼 만들어 장작불로 달구는 곳이 많다. 돌이 달궈지면, 그곳에 물을 부어 김이 모락모락 나게 한다. 맥주를 부어 맥주 특유의 냄새를 즐기는 사람도 있다. 사우나를 마치면 러시아인들은 곳곳에 물을 남겨두는 풍습이 있다. 정령들이 목욕을 하도록 남겨두는 것이라고 한다.

баня

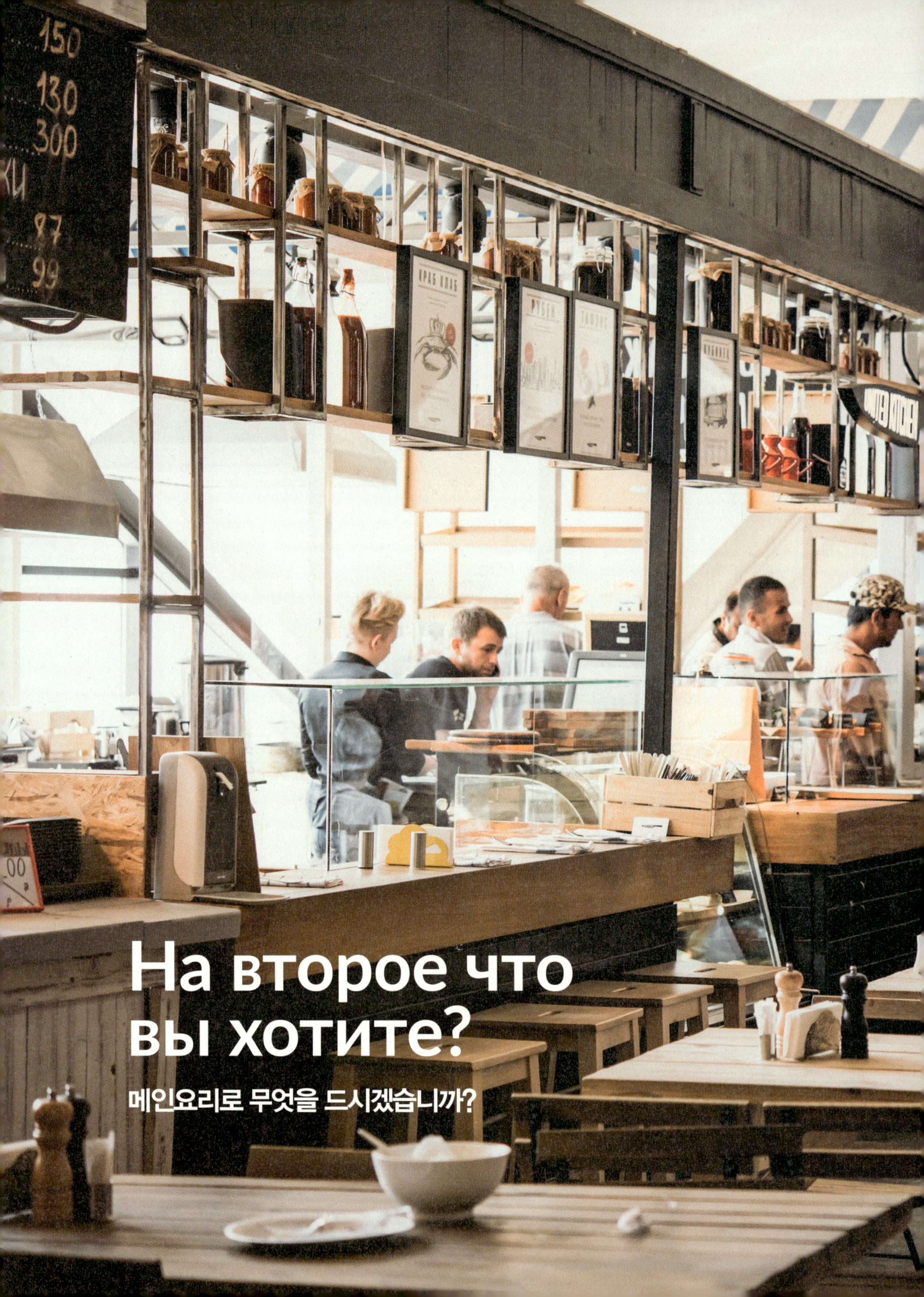
На второе что
вы хотите?
메인요리로 무엇을 드시겠습니까?

УРОК
18

- 형용사 단어미형
- 형용사 비교급
- 보편인칭문
- 접속사 пока 사용법

Юрий	Э́тот сто́лик свобо́ден?
Официант	Сади́тесь, пожа́луйста. Вот меню́.
Юрий	Да, э́то це́лая кни́га.
	Пока́ тако́е меню́ прочита́ешь до конца́, мо́жно умере́ть с го́лода. Дава́й попро́сим официа́нта порекомендова́ть что-нибудь из фи́рменных блюд.
	Ты не возража́ешь?
Лариса	Коне́чно нет. Так про́ще.
Юрий	Что вы посове́туете из фи́рменных блюд?
Официант	На заку́ску сала́т из ра́зных со́ртов ры́бы.
Юрий	Ну, что же. Попро́буем ваш фи́рменный сала́т.
	Два сала́та, пожа́луйста.

만세
포인트

1 레스토랑 특선 요리 중에서 추천 좀 해주시겠어요?

Что вы посове́туете из фи́рменных блюд?

요리 추천을 요청하는 표현이다. Что вы порекоменду́ете?나 Что вы хоти́те порекомендова́ть? 표현을 같이 사용할 수 있다. фи́рменные блю́да는 '레스토랑 특선요리'라는 표현으로 사용된다. '~ 중에서'를 표현할 때는 из + 복수생격을 사용한다.

2 메인요리로는 무엇을 드시겠습니까?

На второ́е что вы хоти́те?

식당에서 음식 주문할 때 사용하는 표현이다. 물론 지인끼리 먹고 싶은 음식을 물어볼 때도 사용하는 표현이다. '전채요리로', '수프요리로', '메인요리로', '디저트로' 표현을 할 때는 전치사 на+대격을 사용하여 на заку́ску, на пе́рвое, на второ́е, на дисе́рт라고 한다.

Официант	Что вы хоти́те на пе́рвое? Есть кури́ный бульо́н с пирожка́ми, соля́нка.
Юрий и Лариса	Мы хоти́м кури́ный бульо́н.
Официант	На второ́е что вы хоти́те? Есть блины́ и котле́ты по-ки́евски.
Юрий	Что вы хоти́те порекомендова́ть?
Официант	Говоря́т, что блины́ вку́снее, чем котле́ты.
Юрий и Лариса	Пожа́луйста, блины́.
Официант	Что хоти́те на десе́рт?
Юрий	Чёрный ко́фе, пожа́луйста. А ты, Лара?
Лариса	А мне чай с мёдом.

유리	이 자리 비어 있습니까?
식당종업원	앉으세요. 여기 메뉴 있습니다.
유리	메뉴가 책 한 권이네. 이 메뉴를 끝까지 다 읽다가는 배고파 죽을 지도 몰라. 웨이터한테 레스토랑 특선 요리 중에서 추천해달라고 하는 게 낫겠어. 반대하지 않지?
라리사	물론이지. 그게 더 편하겠다.
유리	레스토랑 특선 요리 중에서 추천 좀 해주시겠어요? [1]
식당종업원	전채요리로 다양한 종류의 생선으로 만든 샐러드를 드시지요.
유리	어떻게 할까? 레스토랑 특선 샐러드를 먹어보자. 샐러드 두 개 주세요.
식당종업원	수프는 무엇을 드시겠습니까? 피로그(러시아식 만두)를 곁들인 닭고기 수프와 생선수프가 있습니다.
유리, 라리사	닭고기 수프로 주세요.
식당종업원	메인요리로는 무엇을 드시겠습니까? [2] 블린과 키예프식 커틀릿이 있습니다.
유리	무엇을 추천해 주시겠어요?
식당종업원	고객 분들은 블린이 커틀릿보다 더 맛있다고 합니다. [3]
유리, 라리사	블린으로 주세요.
식당종업원	디저트로 무엇을 드시겠어요?
유리	블랙 커피 주세요. 라라, 너는?
라리사	꿀을 넣은 차를 주세요.

сто́лик	테이블 (стол의 지소형)
свобо́ден	자유로운, 비어있는 (свободный의 단어미 남성형)
сади́ться	(~로) 앉다
меню́	메뉴
просма́тривать	훑어보다
це́лый	전체의
мо́жно (+ 동사원형)	~할 수 있다
умере́ть	죽다
с го́лода	배고픔 때문에
попроси́ть	요청하다 (просить 완료상)
порекомендова́ть	추천하다 (рекомендовать 완료상)
фи́рменный	회사의, 상사의
фи́рменные блю́да	레스토랑 특선요리
возража́ть	반대하다
про́ще	더 간단하다 (простой 비교급)
заку́ска	전채요리
из (+ 생격)	~로 만든
ра́зный	다양한
сорт	종류
ры́ба	생선
попро́бовать	시도하다, 먹어보다 (пробовать 완료상)
кури́ный	닭의, 닭고기의
бульо́н	고기 수프의 일종
пирожо́к	러시아식 만두
соля́нка	생선, 고기를 넣은 진한 수프
блин	러시아식 팬케이크의 일종
котле́та	커틀릿
на десе́рт	디저트로
мёд	꿀

3 블린이 커틀릿보다 더 맛있다고 합니다.
Говоря́т, что блины́ вку́снее, чем котле́ты.

비교급의 표현이다. вку́сный의 비교급 вку́снее를 사용하고 비교대상은 чем+주격으로 나타내었다. Говоря́т, что…는 '사람들이 ~라고 말한다'를 표현할 때 사용하는 보편인칭문 구문이다. 보편인칭문은 주어가 불특정 다수이거나 주어를 명시할 필요가 없을 경우 주어를 생략하고 3인칭 복수형 동사를 사용하여 표현한다.

В це́нтре стро́ят но́вое зда́ние. 시내에 새로운 빌딩을 건설 중이다.

1 형용사 단어미형

러시아어 형용사는 성질형용사와 관계형용사로 나눌 수 있다.

성질 형용사: **краси́вый, интере́снвй, но́вый, свобо́дный** 등

관계 형용사: **студе́нческий, университе́тский, ру́сский, моско́вский** 등

성질 형용사는 장어미형과 단어미형을 가지나, 관계 형용사는 시나 예술작품 등을 제외하고는 그 특성 상 장어미형 만을 갖는다.

형용사의 단어미형은 장어미형에서 어미 **-ый**를 떼어내고 만든다. 형용사 단어미형 남성은 zero 어미, 여성형은 **-a** , 중성형은 **-o** 이다.

형용사 장어미형		형용사 단어미형	
какой	но́вый	како́в	нов
какая	но́вая	какова́	но́ва
какое	но́вое	каково́	но́во
какие	но́вые	каковы́	но́вы

Дом высо́к. 집이 높다.

Кни́га интере́сна. 책이 재미있다.

Э́то ме́сто свобо́дно. 빈 자리이다.

Эти ме́ста свобо́дны. 빈 자리들이다.

형용사 장어미형은 지속적인 성질을 나타내고, 단어미형은 일시적인 성질이나 상태를 나타낸다.

Она́ краси́вая. 그녀는 (늘) 아름답다.

Сего́дня она́ краси́ва. 그녀는 오늘 아름답다.

② **형용사 비교급**

형용사 비교급을 만드는 방법으로는 단순 비교급과 복합 비교급이 있다.

1. 단순 비교급

단순 비교급을 만들 때는 접미사 -ée나 -éй를 붙인다.

вку́сный – вкусне́е (вкусне́й)

бе́лый – беле́е (беле́й)

интере́сный – интересне́е (интересне́й)

си́льный – сильне́е (сильне́й)

краси́вый – красиве́е (красиве́й)

형용사 어간이 г, к, х, с. д, ст 로 끝날 때는 접미사 -e를 붙인다. 이때 자음 전이가 일어난다.

доро́гой – доро́же

молодо́й – моло́же

кре́пкий – кре́пче

сухо́й – су́ше

бога́тый – бога́че

просто́й – про́ще

2. 복합 비교급

복합 비교급일 경우에는 우등비교를 할 때는 бо́лее를, 열등비교를 할 때는 ме́нее를 붙인다.

интере́сный – бо́лее интере́сный (더 재미있는)

ме́нее интере́сный (덜 재미있는)

краси́вый – бо́лее краси́вый   (더 아름다운)

ме́нее краси́вый   (덜 아름다운)

비교급 구문에서 비교대상은 **чем** + 주격 또는 생격을 사용한다.

Ко́жа у Белосне́жки беле́е, чем снег (сне́га).
백설공주의 피부는 눈보다 더 하얗다.

Он моло́же, чем я (меня́).
그는 나보다 더 젊다.

Мя́сные блю́да вкусне́е, чем ры́бные (ры́бных).
고기 요리가 생선 요리보다 더 맛있다.

③ 보편 인칭문

보편 인칭문은 주어가 불특정 다수이거나 주어를 명시할 필요가 없을 경우 주어를 생략하고
3인칭 복수형 동사를 사용하여 표현한다.

Говоря́т, что одно́й из серьёзных пробле́м в Москве́ явля́ется тра́нспорт.
교통 문제가 모스크바의 심각한 문제라고 한다.

В це́нтре стро́ят но́вое зда́ние.
시내에 새 건물을 건설 중이다.

В Сеу́ле предпочита́ют передвига́ться по го́роду на метро́.
서울에선 지하철을 타고 다니는 것을 선호한다.

1. '～하는 동안'을 나타낼 때 사용한다.

Надо поговори́ть с ним, пока́ он там.

그가 거기에 있는 동안에, 그와 이야기해야 한다.

Пока́ он у́чится, на́до ему́ помога́ть.

그가 공부하는 동안은 그를 도와야 한다.

2. '～까지'를 나타낼 때 사용한다.

Звони́те, пока́ не отве́тят.

전화를 받을 때까지 전화하세요.

На́до ждать до тех пор, пока́ они́ не приду́т.

그들이 올 때까지 기다려야 한다.

1. 다음 질문에 러시아어로 답하세요.

❶ Что вы хотите взять на закуску?

→ ____

❷ Что вы хотите на первое?

→ ____

❸ Что вы хотите на второе?

→ ____

❹ Что вы хотите на третье?

→ ____

2. 다음 괄호 안의 형용사를 알맞은 형태로 고치세요.

❶ Кожа у Белоснежки (белый), чем снег (снег).

→ ____

❷ Он (молодой), чем я (я).

→ ____

❸ Мясные блюда (вкусный), чем рыбные (рыбные).

→ ____

❹ Она (старый), чем муж на 2 года.

→ ____

❺ Эта книга (интересный), чем та.

→ ____

3. 다음 문장을 보기처럼 바꾸세요.

> Образец : Это высокое здание.
>
> → Это здание высоко.

❶ Она красивая девушка.

→ ______________________________

❷ Это интересная книга.

→ ______________________________

❸ Этот дом высокий.

→ ______________________________

❹ Эта одежда новая.

→ ______________________________

4. 다음을 러시아어로 옮기세요.

❶ 모스크바가 상트페테르부르크보다 더 크다.

→ ______________________________

❷ 네 약혼자는 너보다 몇 살 위니?

→ ______________________________

❸ 고기요리가 생선요리보다 더 맛있다고 한다.

→ ______________________________

❹ 그녀의 피부는 눈보다 더 하얗다.

→ ______________________________

❺ 이 자리는 빈 자리인가요? 앉아도 될까요?

→ ______________________________

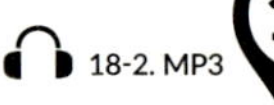 18-2. MP3

18

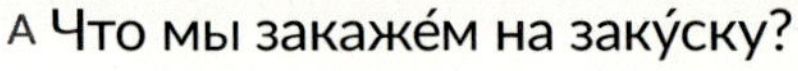

A Что мы закажём на заку́ску? 　전채요리로 무엇을 먹을까요?
B Сала́т с кра́бами. 　게살 샐러드요.

A Что мы возьмём на пе́рвое? 　첫 번째 코스 요리로 뭘 먹을까?
B Возьмём борщ. 　보르쉬 먹자.

A Что мы возьмём на второ́е? 　메인 요리로는 뭘 먹을까요?
B Я хочу́ ры́бные блю́да. 　생선요리가 좋아요.

A Что мы возьмём на тре́тье (на десе́рт)? 　디저트로 뭘 먹지?
B Возьмём моро́женное. 　아이스크림으로 하지.

A Что вы хоти́те взять на заку́ску? 　전채요리로 무엇을 드시겠어요?
B Я хочу́ сала́т «мясно́й». 　고기 샐러드 주세요.

A Что вы хоти́те на пе́рвое? 　수프 요리로는 무엇을 드시겠습니까?
B Я хочу́ овощно́й суп. 　야채 수프 주세요.

A Что вы хоти́те взять на второ́е? 　메인 요리로 무엇을 드시겠습니까?
B Я` хочу́ шашлы́ки. 　샤실리크 주세요.

A Что вы хоти́те взять на тре́тье (на десе́рт)? 　디저트는 어떤 것으로 하실래요?
B Торт, пожа́луйса. 　케이크 주세요.

- Да́йте, пожа́луйста, меню́. 　메뉴를 주세요.
- Прия́тного аппети́та. 　맛있게 드세요.
- Переда́йте, пожа́луйста, хлеб (соль, ма́сло). 　빵 (소금, 버터) 좀 건네 주세요.
- Тост за встре́чу! 　만남을 위해 건배!
- (Я хочу́ предложи́ть тост) за на́шу дру́жбу. 　우리 우정을 위해 건배하고 싶습니다.
- Да́йте, пожа́луйста, счёт. 　계산서 주세요.
- Ско́лько я до́лжен (мы должны́)? 　얼마입니까?

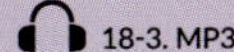

ветчина́	햄
грибы́	버섯
чёрная икра́	캐비어알
кра́сная икра́	연어알
карто́фельный са́лат	감자샐러드
колбаса́	소시지
селёдка	청어
сту́день	젤라틴
борщ	보르쉬 (순무 수프)
сбо́рная соля́нка	고기 야채 솔랸카
бифште́кс	비프 스테이크
беф-стро́ганов	비프 스트로가노프

каба́чки	호박
карто́фель	감자
лук	양파
зелёный лук	파
морко́вь	당근
огуре́ц	오이
сала́т «зелёный»	파슬리
помидо́р	토마토
сала́т, зелёный	야채 샐러드
свёкла	비트, 사탕무
блины́	팬케이크

мя́со (говя́дина)	쇠고기
варённое мя́со	삶은 쇠고기
тушённое мя́со	쇠고기 스튜
ро́стбиф	로스트비프
руле́т	비프롤
свини́на	돼지고기
теля́тина	송아지 고기
шашлы́к	(러시아식) 꼬치구이
ку́рица	닭고기
варёная ку́рица	백숙
жа́реная ку́рица	닭 튀김
суда́к по-по́льски	(폴란드식) 농어 요리

кабачки́, фарширо́ванные	호박조림
ка́ша	시리얼 (가공곡류)
гре́чневая ка́ша	메밀죽
ма́нная ка́ша	곡물죽
ри́совая ка́ша	쌀죽
кулебя́ка	고기, 생선, 양배추 파이
пиро́г	피로그, 러시아식 파이
вино́	포도주
во́дка	보드카
нали́вка	과일주
насто́йка	과일 브랜디
пи́во	맥주

요리

"따뜻한 보르쉬 한 그릇 어때요?"
Русская кухня

러시아 요리(Русская кухня)에는 러시아 고유의 음식 외에도 서유럽, 몽골의 영향을 받은 것과 중앙아시아의 영향을 받은 것이 있다. 러시아 음식 문화는 슬라브 전통의 음식 문화에 서유럽과 몽골, 중앙아시아 등 지역의 영향을 받아 매우 복합적이고 다국적인 특징을 가지고 있다. 추운 날씨와 식물이 잘 자라지 않는 척박한 환경으로 인해 요리의 대부분이 고열량 음식이며, 기후와 땅의 영향으로 인해 육류를 이용한 음식이 많다.

PHOTO Gilmanshin / Shutterstock.com

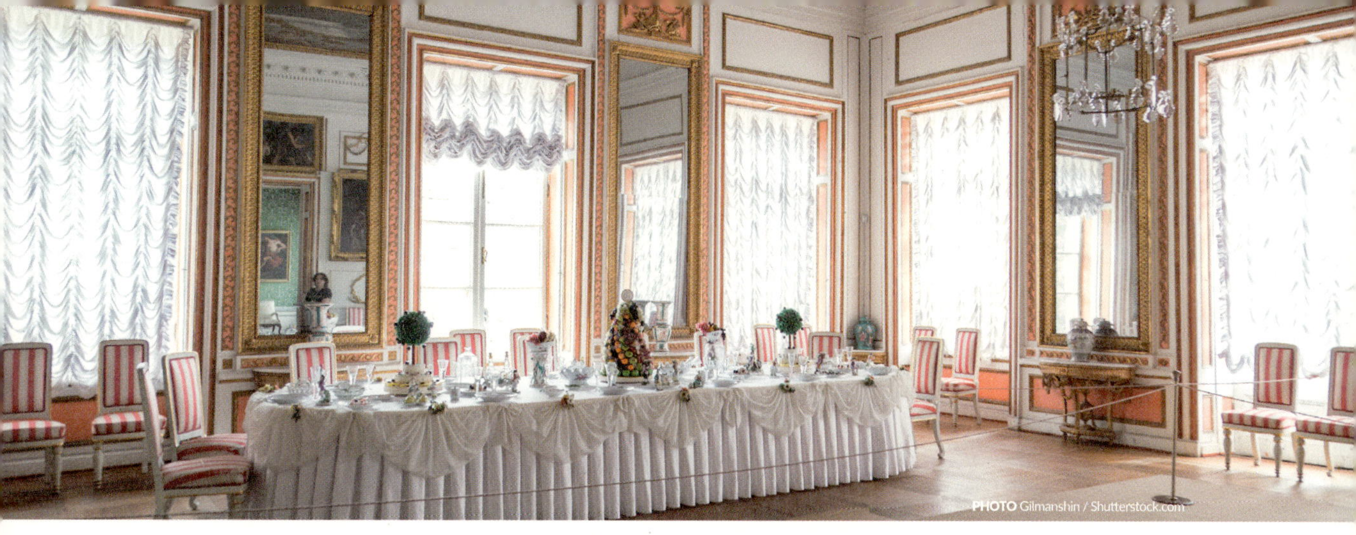

대표적인 음식으로는 슬라브 전통 음식인 러시아식 수프 보르쉬(Борщ)와 러시아식 팬케이크로 마슬레니차 축제 기간 동안 먹는 전통음식인 블린(блин) 등이 있다. 중앙아시아와 캅카스식의 음식으로는 러시아어로 '꼬치구이'를 의미하는 샤실리크(шашлык), 러시아식 만두인 펠메니(пелмень)등이 있다.

러시아 요리는 원래 매우 화려했으나 현대에 들어 많이 간소해졌다. 북쪽에는 재료가 별로 많지 않고, 남쪽에는 비교적 과일이나 채소 등이 풍부하나, 전국적으로 생채소가 적어서 양배추, 토마토, 감자, 양파, 당근, 사탕무, 오이와 같은 저장 채소나 염장 채소를 많이 쓴다.

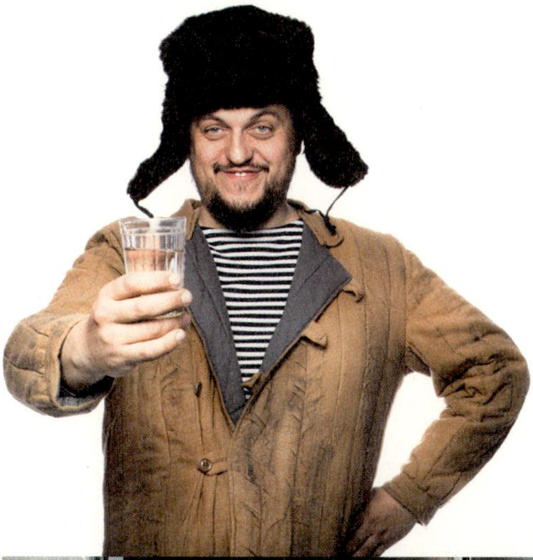

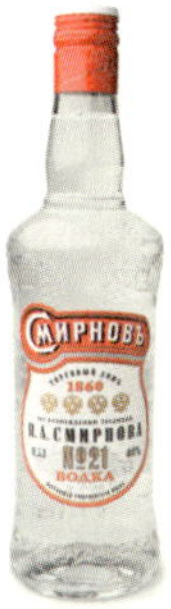

PHOTO Olga Popova / Shutterstock.com

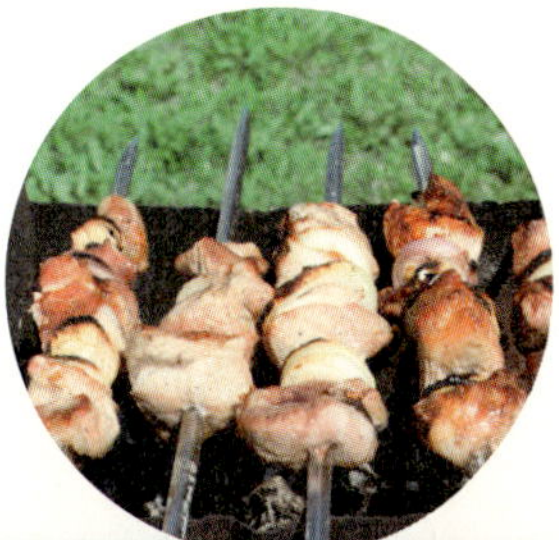

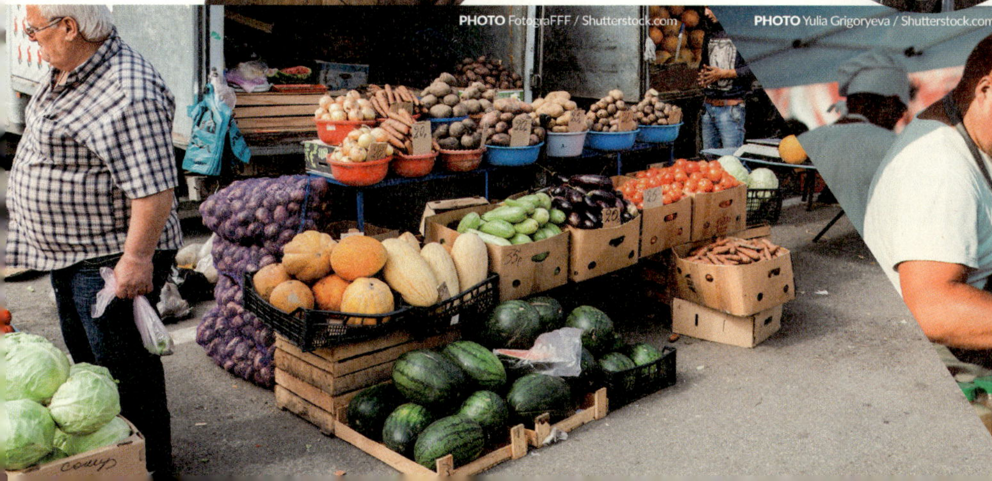

PHOTO FotograFFF / Shutterstock.com

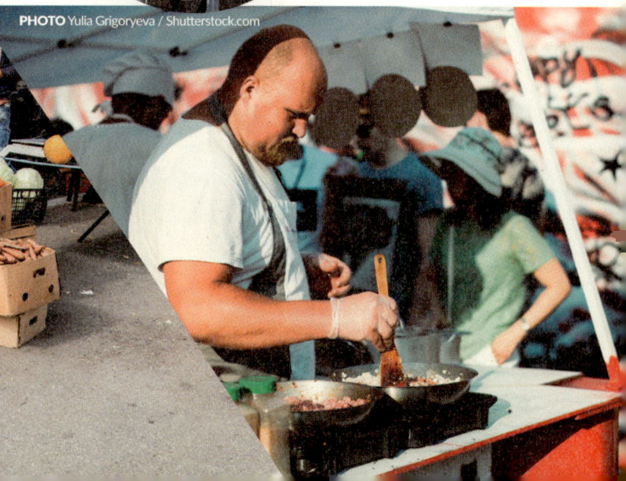

PHOTO Yulia Grigoryeva / Shutterstock.com

Москва была основана в 12-м веке?

모스크바가 12세기에 세워졌다며?

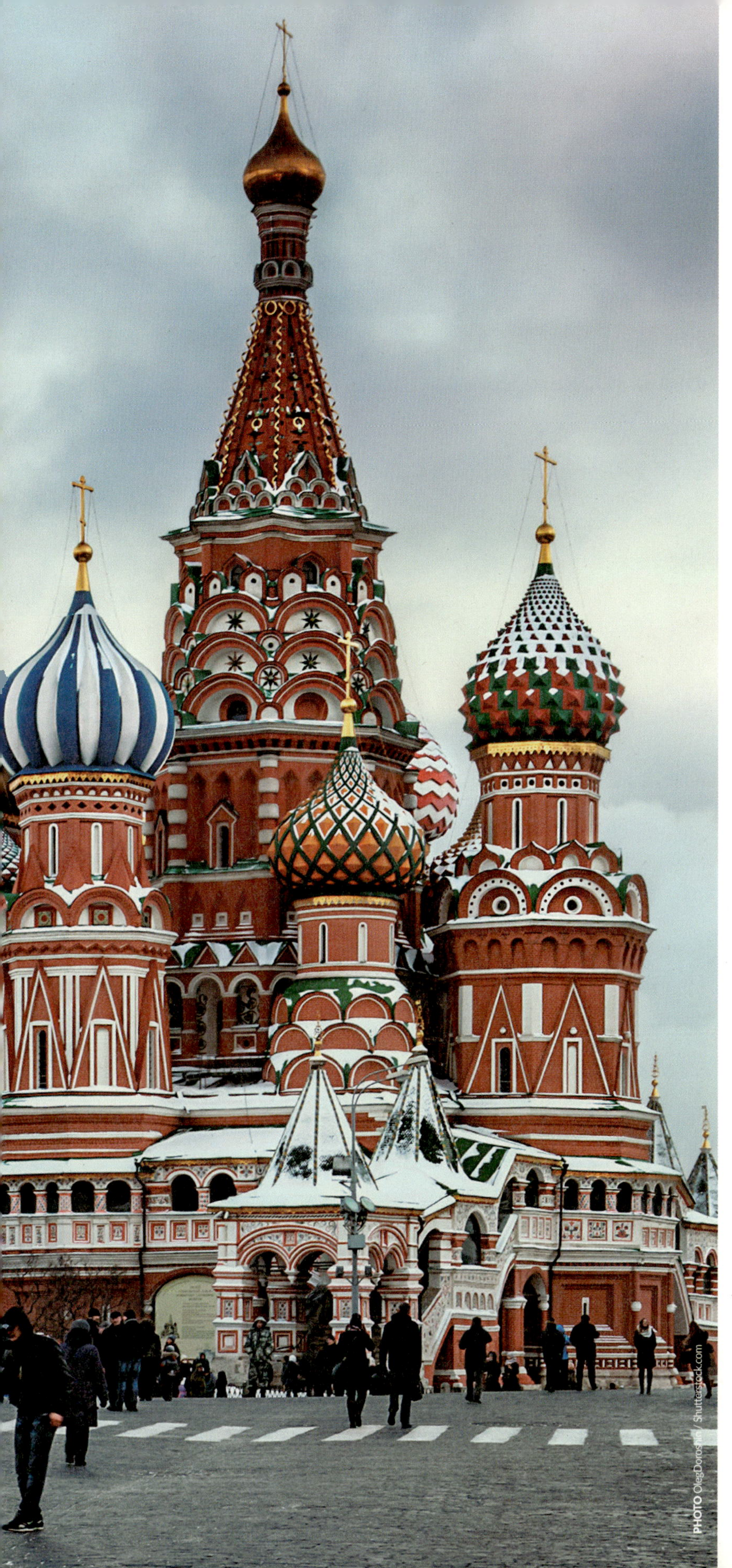

- 피동형동사 과거형 만들기
- 수동 구문

Зина Мне удиви́тельно, что Москва́ име́ет о́чень до́лгую исто́рию.

Она́ была́ осно́вана в 12-м ве́ке?

Кто основа́л Москву́?

Алексей Москва́ была́ осно́вана Ю́рием Долгору́ким.

Зина Ю́рий Долгору́кий?

О! Я по́мню, где нахо́дится па́мятник Ю́рию Долгору́кому.

Я прошла́ ми́мо него́.

А когда́ тата́ры разру́шили Москву́?

만세
포인트

---

1 모스크바가 아주 긴 역사를 갖고 있다는 사실에 놀랐어.

Мне удиви́тельно, что Москва́ име́ет о́чень до́лгую исто́рию.

'~에 놀라다'라고 말하고자 할 때는 [여격 + удиви́тельно + что]로 표현한다.

Нам удиви́тельно, что ты получи́л стипе́ндию.
우리는 네가 장학금을 받아서 놀랐다.

'~의 역사를 갖다'라는 표현을 할 때는 동사 [име́ть]를 사용한다.

Сеу́л име́ет до́лгую исто́рию и тради́цию.
서울은 긴 역사와 전통을 갖고 있다.

---

2 모스크바가 12세기에 세워졌다며?

Москва́ была́ осно́вана в 12-м ве́ке?

수동 구문의 표현이다. 동사 быть 과거형과 피동형동사 단어미형 осно́ван을 사용하였다. '~세기에'를 표현할 때는 [в + 서수사 전치격 + ве́ке]를 사용한다.

МГУ был осно́ван в 18-м ве́ке.
모스크바 국립대학교는 18세기에 세워졌다.

О чём лю́ди мечта́ют в 21-м веке?
21세기에 사람들은 무엇을 꿈꾸는가?

Алексей	**В 13-м ве́ке.**
Зина	**Москва́ всегда́ была́ столи́цей Росси́и?**
Алексей	**Нет, при Петре́ I Санкт-Петербу́рг стал столи́цей страны́.**
	Но в нача́ле 20-го ве́ка Москва́ опя́ть стала столи́цей страны́.
Зина	**Спаси́бо. Благодаря́ тебе́ я разобра́лась в исто́рии Москвы́.**
Алексей	**Пожа́луйста.**

суббо́та 토요일
удиви́тельно 놀랍다
име́ть исто́рию 역사를 갖다
осно́ван осно́ва́ть 세우다 (피동형동사 단어미 남성형)
век 세기
основа́ть 세우다
по́мнить 기억하다
пройти́ ми́мо 옆을 지나가다
па́мятник (+여격) ~의 기념비
тата́р 타타르인
разру́шить 파괴하다 (разруша́ть 완료상)
столи́ца 수도
при (+전치격) ~시대에
в нача́ле (+생격) ~초에
благодаря́ (+여격) ~덕분에
разобра́лась в (+전치격) ~에 통달하다, ~에 숙달하다
не сто́ит 천만에

진아	모스크바가 아주 긴 역사를 갖고 있다는 사실에 놀랐어. **1**
	모스크바가 12세기에 세워졌다며? **2** 누가 모스크바를 세웠어?
알렉세이	유리 돌고루키가 세웠어.
진아	유리 돌고루키라고? 야! 유리 돌고루키 동상이 어디에 있었는지 기억난다.
	그 동상 옆을 지나간 적이 있어.
	그런데 언제 타타르족이 모스크바를 점령했지?
알렉세이	13세기였어.
진아	모스크바는 항상 러시아의 수도였니?
알렉세이	아니야. 표트르 1세 때 상트페테르부르크가 수도가 되었어.
	20세기 초에 모스크바가 다시 국가의 수도가 되었지.
진아	고마워. 네 덕분에 모스크바 역사에 통달하게 되었어. **3**
알렉세이	천만에.

3 네 덕분에 모스크바 역사에 통달하게 되었어.

Благодаря́ тебе́ я разобра́лась в исто́рии Москвы́.

'~에 통달하다'라고 말할 때는 [разобра́лась + в] 전치격을 사용한다.

Я разобра́лась в коре́йской культу́ре. 나는 한국 문화에 통달하였다.
Он разобра́лась в компью́тере. 그는 컴퓨터에 통달하였다.

'~덕분에'라고 표현 할 때는 [благодаря́ + 여격]을 사용한다.

Благодаря́ тебе́ я проводи́ла вре́мя прия́тно. 네 덕분에 즐거운 시간 보냈어.
Благодаря́ ва́шей по́мощи на́ша компа́ния преодоле́ла кри́зис.
당신 도움 덕분에 우리 회사는 위기를 극복하였습니다.

1 피동형동사 과거형 만들기

러시아어의 피동형동사는 영어의 과거분사와 같은 기능을 수행한다. 완료상 동사만 피동형동사 과거형을 가질 수 있다. 동사원형이나 과거 시제 어간에 피동형동사 접미사 [-нн-, -т- / -енн-, -ённ-]을 붙여 만든다.

основа́ть ------ основа́л ------- осно́ванный

изучи́ть ------- изучи́л ------- изу́ченный

피동형동사 과거 접미사	피동형동사 과거형 만들기	피동형동사 과거 단어미
(1) 동사 어간이 모음으로 끝날 경우 : -нн-, -т-	основа́ть – осно́ванный прочита́ть – прочита́нный созда́ть – со́зданный взять – взя́тый	осно́ван/-а/-о/-ы прочита́н/-а/-о/-ы со́здан/-а/-о/-ы взят/-а/-о/-ы
(2) 동사 어간이 자음 또는 -и-로 끝날 경우 : -енн-, -ённ-	изучи́ть – изу́ченный постро́ить – постро́енный разру́шить – разру́шенный принести́ – принесённый	изу́чен/-а/-о/-ы постро́ен/-а/-о/-ы разру́шен/-а/-о/-ы прнесён/-а/-о/-ы

2 수동 구문

러시아어 능동 구문에서 행위 주체는 주격으로, 행위 대상은 대격으로 표현한다. 수동 구문에서는 행위 대상은 주격으로, 행위주체는 조격으로 표현한다. 능동 구문을 수동 구문으로 전환할 때, 동사 상에 주의를 기울여야 한다. 능동 구문의 동사가 불완료상이면, 수동 구문으로 전환시 -ся 동사를 사용한다. 한편, 능동 구문의 동사가 완료상이면, 수동 구문에서는 피동형동사 과거 단어미형을 사용해야 한다.

1. 능동 구문 술어가 불완료상 동사인 경우 : –ся 동사 사용

На́ша компа́ния стро́ит шо́пинг-центр.

우리 회사는 쇼핑센터를 건설 중이다.

→ Шо́пинг-центр стро́ится на́шей компа́нией.

쇼핑센터는 우리 회사에 의해 건설되고 있다.

Мы изуча́ем но́вый прое́кт.

우리는 새로운 프로젝트를 연구하고 있다.

→ Но́вый прое́кт изуча́ется на́ми.

새로운 프로젝트는 우리에 의해 연구되고 있다.

2. 능동 구문 술어가 완료상 동사인 경우 : 피동형동사 과거 단어미형 사용, быть 과거형 함께 사용

Ю́рий Долгору́кий основа́л Москву́.

유리 돌고루키는 모스크바를 세웠다.

→ Москва́ была́ осно́вана Ю́рием Долгору́ким.

모스크바는 유리 돌고루키에 의해 세워졌다.

Прави́тельство постро́ило Дом культу́ры.

정부는 문화회관을 만들었다.

→ Дом культу́ы было́ постро́ено прави́тельством.

문화회관은 정부에 의해 만들어졌다.

1. 다음 질문에 러시아어로 답하세요.

❶ Кто основал Москву?

____

❷ Кто основал Санкт-Петербург?

____

❸ Когда была основана Москва?

____

❹ Когда был основан Санкт-Петербург?

____

❺ Когда был основан Киев?

____

2. 다음 문장을 보기처럼 수동 구문으로 바꾸세요.

> Образец : Юрий Долгорукий основал Москву.
>
> → Москва была основана Юрием Долгоруким.

❶ Наша компания строит новое здание.

→ _______________________________

❷ Мы изучаем проект воссоединения Кореи.

→ _______________________________

❸ Правительство построило большой медицинский центр.

→ _______________________________

❹ Предприятие Хёнде построило завод автомобилей в Санкт-Петербурге.

→ _______________________________

3. 다음에 알맞은 격 형태를 넣으세요.

❶ (Я) удивительно, что у него способность к музыке.

❷ Этот универмаг построен (компания Лотте).

❸ Мой брат богаче (я).

❹ Благодаря (ваша помощь) я решил трудные задачи.

❺ Он разбирался в (русская история).

4. 다음을 러시아어로 옮기세요.

❶ 모스크바는 20세기 초에 다시 국가의 수도가 되었다.

____

❷ 모스크바 국립대학교는 로마노소프에 의해 설립되었다.

____

❸ 상트페테르부르크는 문화와 예술 발전의 오랜 역사와 전통을 자랑한다.

____

❹ 당신 도움 덕분에 우리 회사는 위기를 극복하였다.

____

❺ 한글은 세종대왕에 의해 만들어졌다.

____

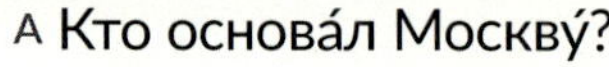

A Кто основа́л Москву́?
B Москву́ основа́л Ю́рий Долгору́кий.

모스크바는 누가 세웠습니까?
유리 돌고루키가 세웠습니다.

A Кто основа́л Санкт-Петербу́рг?
B Санкт-Петербу́г основа́л Пётр Вели́кий.

상트페테르부르크는 누가 세웠습니까?
표트르 대제가 세웠습니다.

A Когда́ была́ осно́вана Москва́?
B Она́ была́ осно́вана в 12-м ве́ке.

모스크바는 언제 세워졌나요?
12세기에요.

A Когда́ был осно́ван Санкт-Петербу́рг?
B Он был осно́ван в 18-м ве́ке, при
Петре́ Пе́рвом.

상트페테르부르크는 언제 세워졌나요?
18세기. 표트르 대제 때 세워졌습니다.

A Когда́ Сеу́л стал столи́цей
госуда́рства Чо́сон?
B В 14-м ве́ке.

서울은 언제 조선 왕조의 수도가 되었나요?

14세기요.

A Каку́ю исто́рию име́ет Москва́?
B Москва́ име́ет 800-ле́тнюю исто́рию.

모스크바 역사는 어떻게 되나요?
800년 역사를 갖고 있습니다.

A Чем сла́вится Москва́?
B Москва́ – полити́ческий,
экономи́ческий и культу́рный
центр Росси́и.

모스크바는 무엇을 자랑합니까?
모스크바는 러시아의 정치, 경제, 문화
중심지입니다.

A Чем сла́вится Сеу́л?
B Сеу́л сла́вится до́лгой исто́рией,
уника́льной культу́рой и хоро́шими
тради́циями.

서울은 무엇을 자랑하나요?
서울은 유구한 역사와 독창적인 문화 그리고
좋은 전통을 자랑합니다.

A Каку́ю исто́рию и тради́ции
име́ет Санкт-Петербу́рг?
B Санкт-Петербу́рг име́ет до́лгую
исто́рию и тради́цию разви́тия
культу́ры и иску́сства.

상트페테르부르크는 어떤 역사와 전통을 갖고
있습니까?
문화와 예술 발전의 오랜 역사와 전통을 갖고
있습니다.

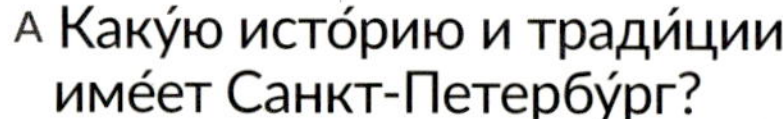

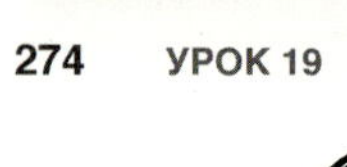

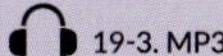

19-3. MP3

Российские пра́здники	러시아 경축일
Ма́сленица	마슬레니차
Па́сха	부활절
Креще́ние	공현축일
Но́вый год (1 января́)	설날
Рождество́ (7 января́)	성탄절
День защи́тника Ро́дины (23 февра́ля)	조국수호의 날

День знаний (1 сентября)	지식의 날
Свя́тки	크리스마스 주간
Ива́н Купа́ла	이반 쿠팔라
Се́мик	세믹
Тро́ица	오순절
Ильи́н день	일리야의 날
Кра́сная го́рка	크라스나야 고르카(붉은 구릉) 축제

Междунаро́дный же́нский день (8 ма́рта)	세계 여성의 날
Пра́здник весны́ и труда́ (1 ма́я)	노동절
День Побе́ды (9 ма́я)	승전일
День Незави́симости Росси́и (12 ию́ня)	러시아 독립일

Благове́щение	성모 수태고지제
Покро́в день	성모제
Семёнов день	세묜의 날 (아낙네의 날)
Отмеча́ть	기념하다
Отмеча́ть пра́здник	명절을 기념하다

모스크바 역사

"모스크바, 러시아의 심장"
История Москвы

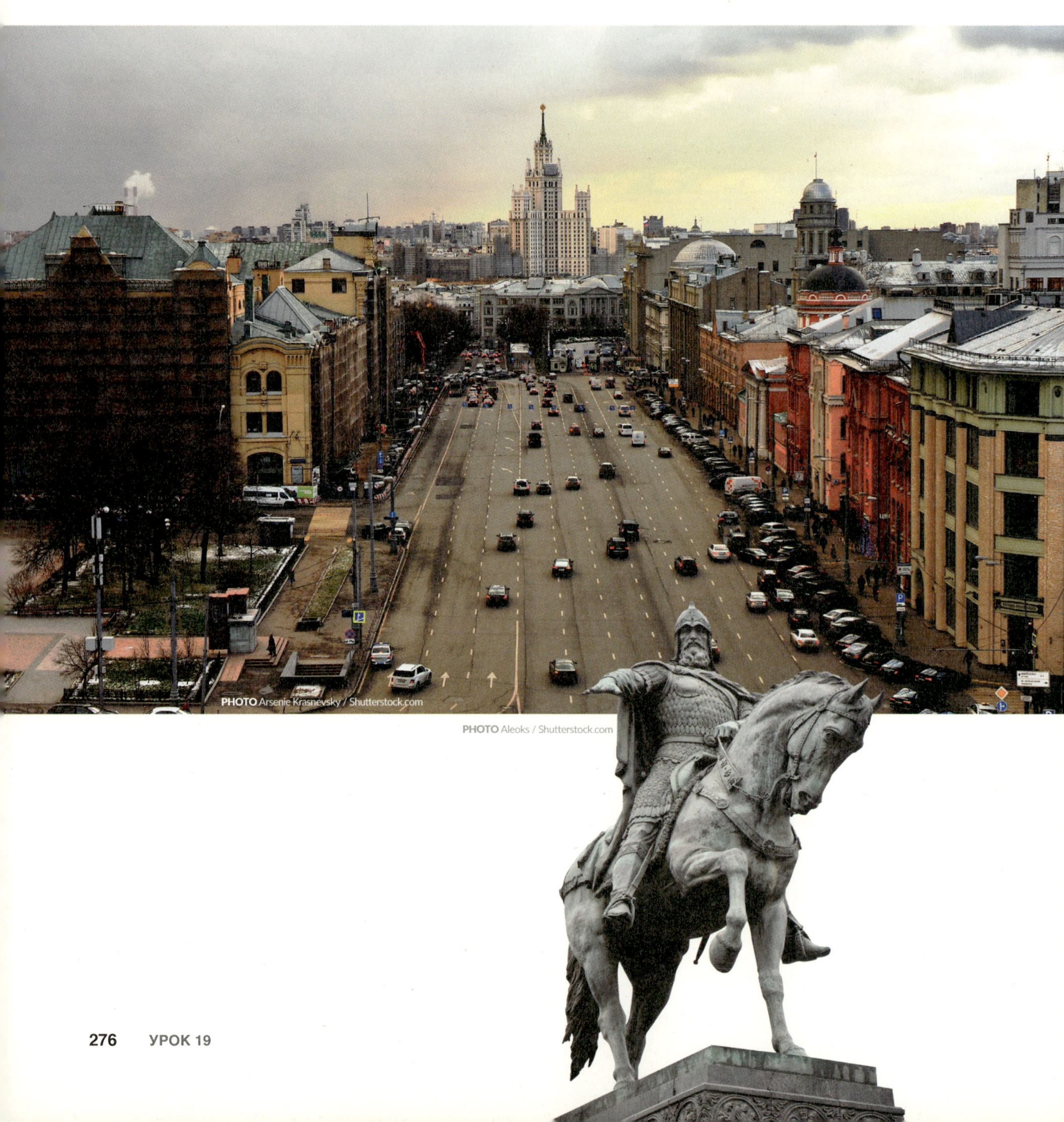

PHOTO Arsenie Krasnevsky / Shutterstock.com

PHOTO Aleoks / Shutterstock.com

북방 초원 실크로드 상의 고도. 모스크바의 어원에 관해서는 '습지' '석장(石匠)들의 성채' '소 건너는 목' '밀림' 등 언어에 따라 여러 가지 설이 있다. '축축한 강', '젖소의 강'이라는 뜻의 모스크바 강에서 유래했다는 설도 있다. 아무튼 초원이나 목축과 관련된 지명임은 분명한 것 같다.

모스크바란 이름이 처음으로 세상에 알려진 것은 1147년에 나온 《이라피예프 연대기》란 책에서다. 이 연대기에는 수즈달공국의 공후(公侯)인 유리 돌고루키(Yury V. Dolgoruky)가 한촌(閑村)이던 이곳에 주춧돌을 놓고 나무로 된 방벽을 쌓기 시작해 1156년에 완성했다고 기록되어 있다. 그래서 일반적으로 모스크바의 창건자는 유리 돌고루키이고, 창건 연대는 1147년으로 알고 있다. 그 '나무 방벽'이 바로 크렘린의 전신이다. 유리에 이어 공후가 된 다밀이 이곳에 상주하면서 저택을 지어 도시의 면모를 갖춰보려고 했으나, 1237년 몽골 서정군의 침입으로 모두 수포로 돌아갔다.

'돈주머니'란 별명의 칼리타(이반 1세)가 당시 러시아 땅 절반 가까이를 석권하고 있던 몽골제국 예하의 킵차크 칸국의 환심을 사서 인근 러시아공국들의 토지를 하나씩 수중에 넣는 한편 키예프를 떠나 블라디미르에 옮겨가 있던 정교회의 총대주교를 모스크바로 영입하였다. 이로써 모스크바는 러시아 정교회의 본산이 되었고, 신정체제(神政體制)를 표방한 모스크바공국의 세력 확장에 결정적 계기가 되었다. 이반 칼리타를 이은 드미트리(Dmitry Ivanovich)는 1380년 쿨리코보(Kulicovo) 전투에서 킵차크 칸 군대를 격파해 몽골 불패의 신화를 깨뜨리고 일약 러시아의 희망으로 떠올랐다.

15세기에 들어서면서 킵차크 칸국이 쇠잔해가는 틈을 타서 1480년 이반 3세는 드디어 그 예속에서 벗어나 독립을 선포하였다. 이때부터 모스크바 공국 시대가 열리고 인구 30~40만을 가진 모스크바는 러시아의 심장으로 급부상하였다. 이반 3세는 내성인 크렘린과 성당들을 비롯한 많은 건물들을 서구식 하얀 석조 건물로 개축하였다.

Интернет развивается очень быстрыми темпами.
인터넷은 굉장히 빠른 속도로 발전하고 있어.

- 원인 이유절
- 동사의 지배 관계
- 완료상 동사 + 시간 (за + 대격) 표현

Елена	Серёжа! Ты уста́л? На тебе́ лица́ нет.
Сергей	Э́то потому́ что всю ночь я рабо́тал в Интерне́те.
Елена	Тебе́ ну́жно отдохну́ть.
	А у нас в Росси́и ско́лько челове́к по́льзуется Интерне́том?
Сергей	Число́ росси́йских по́льзователей Интерне́та – 62% населе́ния страны́ или 68 млн челове́к.
Елена	О́чень большо́е коли́чество!
	Интерне́т развива́ется о́чень бы́стрыми те́мпами.
	Да́же тру́дно пове́рить
Сергей	За тако́й коро́ткий срок Интерне́т уже́ стал са́мой ва́жной ча́стью на́шей жи́зни.
Елена	Как ты ду́маешь? Почему́ Интерне́т так популя́рен во всём ми́ре?

1 우리 러시아 인터넷 사용 인구가 얼마나 되니?

У нас в Росси́и ско́лько челове́к по́льзуется Интерне́том?

'~을 이용하다'라는 표현을 할 때 동사 по́льзоваться나 испо́льзовать를 사용할 수 있다. по́льзоваться는 조격과 결합하며, испо́льзовать는 대격과 결합한다. '너는 컴퓨터를 사용하는 법을 배워야 한다'는 다음과 같이 표현한다.

Тебе́ ну́жно учи́ться, как по́льзоваться компью́тером.
Тебе́ ну́жно учи́ться, как испо́льзовать компью́тер.

2 아주 짧은 기간 동안 인터넷은 이제 우리 생활의 가장 중요한 부분이 되었어.

За тако́й коро́ткий срок Интерне́т уже́ стал са́мой ва́жной ча́стью на́шей жи́зни.

стать 과거시제의 '결과'를 나타내는 문장이다. 완료상 동사가 사용된 문장에서 '~동안'을 표현 할 때는 [за + 대격]을 사용한다. '중요한 부분이 되다'라는 표현은 [стать ва́жной ча́стью]이다.

Сергей	**Есть не́сколько причи́н.** **Пе́рвое, Интерне́т – са́мый ма́ссовый** **и операти́вный исто́чник информа́ции.** **Второ́е, Сеть – крупне́йший в ми́ре** **исто́чник развлече́ния.** **Тре́тье, Интерне́т – са́мое прогресси́вное** **сре́дство обще́ния и коммуника́ции.** **Четвёртое, Интерне́т – са́мое удо́бное** **простра́нство для би́знеса.** **Наконе́ц, Интерне́т – э́то грома́дное** **простра́нство для тво́рчества.**
Елена	**Молоде́ц! Ты специали́ст по Интерне́ту.**

потому́ что	왜냐하면
всю ночь	밤새도록
рабо́тать в Интерне́те	인터넷을 하다
по́льзоваться (+조격)	이용하다
число́	수
по́льзователь	이용자
коли́чество	수량
развива́ться	발전하다
бы́стрыми те́мпами	빠른 속도로
ве́рить	믿다
за коро́ткий срок	짧은 기간 동안
стать (+조격)	～이 되다
часть	부분
почему́	왜
популя́рен	인기있는
(популя́рный 단어미 남성형)	
во всём ми́ре	전 세계에서
причи́на	이유
пе́рвый	첫 번째
второ́й	두 번째
тре́тий	세 번째
четвёртый	네 번째
наконе́ц	마지막으로
Сеть	네트워크
ма́ссовый	대중적인
операти́вный	신속한
исто́чник	근원, 소스
информа́ция	정보
крупне́йший	가장 큰 (крупный 최상급)
развлече́ние	오락
прогресси́вный	진보적인
сре́дство	수단
обще́ние	소통
коммуника́ция	커뮤니케이션
простра́нство	공간
для (+생격)	～를 위한
грома́дный	거대한
тво́рчество	창작
молоде́ц	최고야 (칭찬의 말)
специали́ст (по+여격)	(～분야의) 전문가

엘레나	세료쟈! 너 피곤하니? 얼굴이 안됐구나.
세르게이	어제 밤새도록 인터넷을 했기 때문이야.
엘레나	너 좀 쉬어야겠다.
	그런데 우리 러시아 인터넷 사용 인구가 얼마나 되니? 1
세르게이	러시아 인터넷 사용자 수는 러시아 전 인구의 62%, 그러니까 6,800만 명이 사 용하고 있어.
엘레나	굉장히 많구나! 인터넷은 굉장히 빠른 속도로 발전하고 있어. 믿기 어려울 정도야.
세르게이	아주 짧은 기간 동안 인터넷은 이제 우리 생활의 가장 중요한 부분이 되었어. 2
엘레나	넌 어떻게 생각하니?
	인터넷이 전 세계적으로 인기를 누리는 이유가 뭐니? 3
세르게이	몇 가지 이유가 있어. 첫째, 인터넷은 가장 대중적이고 신속한 정보 소스야. 둘째, 인터넷 망은 세계에서 가장 큰 오락망이야. 셋째, 인터넷은 가장 진보적인 소통과 커뮤니케이션 수단이야. 넷째, 인터넷은 비즈니스를 위한 가장 편안한 공간이야. 마지막으로, 인터넷은 창작을 위한 거대한 공간이야.
엘레나	완전 멋진데! 너는 인터넷 전문가구나!

3 인터넷이 전 세계적으로 인기를 누리는 이유가 뭐니?

Почему Интернет так популярен во всём мире?

원인을 물어볼 때는 의문사 почему́를 사용한다. '인기가 있다'라는 표현은 популя́рный의 술
어적 기능을 갖는 단어미형 популя́рен을 사용하여 나타낼 수 있다. 또는 по́льзоваться
популя́рностью 표현을 사용할 수도 있다.

1 원인 이유절

원인, 이유를 나타낼 때는 потому́ что나 так как 접속사를 사용한다. потому́ что 원인절은 주절 다음에 위치하며, так как 원인절은 주절 앞 뒤에 모두 위치할 수 있다.

> **Я опозда́л на уро́к, потому́ что я чу́ствовала себя́ пло́хо.**
> 나는 몸 상태가 나빠서 수업에 지각했다.

> **У меня́ нет де́нег, потому́ что я купи́л маши́ну.**
> 나는 차를 샀기 때문에 돈이 없다.

> **Я хочу́ перее́хать в друго́й райо́н, так как рабо́та далеко́ нахо́дится от до́ма.**
> 나는 직장이 집에서 멀어서 다른 지역으로 이사하고 싶다.

> **Так как у меня́ ма́ло свобо́дного вре́мени, я не могу́ занима́ться спо́ртом.**
> 나는 여가시간이 적기 때문에 운동을 할 수 없다.

2 동사의 지배 관계

러시아어 동사는 명사와 결합할 때, 일정한 형태의 격이나 전치사구를 요구한다. 타동사의 경우 목적어는 대격 형태로 표현되는데, 예를 들어 동사 **люби́ть**는 대격을 지배한다.

> **Я люблю́ приро́ду.** 나는 자연을 사랑한다.
>
> **Мы лю́бим Росси́ю.** 우리는 러시아를 사랑한다.

한편, 대격 외에 다른 형태를 지배하는 동사들도 있다.

> **생격 지배 :** Коре́я дости́гла экономи́ческих успе́хов.
> 한국은 경제적 성공을 거두었다.

여격 지배 : Я зави́дую тебе́.

나는 네가 부럽다.

조격 지배 : В Коре́е ско́лько челове́к по́льзуются интерне́том?

한국에선 인터넷 사용인구가 몇 명입니까?

전치사구 지배 : Он стреми́тся к вла́сти.

그는 권력을 추구한다.

Не беспоко́итесь обо мне.

제 걱정은 하지 마십시오.

3 완료상 동사 + 시간 (за + 대격) 표현

'~동안'을 표현할 때, 완료상 동사는 [전치사 за + 대격]을 사용한다. 불완료상 동사는 시간을 나타내는 명사 대격과 결합한다.

Он чита́л кни́гу 3 часа́.　　　　　　그는 3시간 동안 책을 읽었다.

Он прочита́л кни́гу за 3 часа́.　　　그는 3시간 동안 책을 다 읽었다.

Она́ писа́ла докла́д 5 часо́в.　　　그녀는 5시간 동안 리포트를 썼다.

Она́ написа́ла докла́д за 5 часо́в.　그녀는 5시간 동안 리포트를 다 썼다.

Ско́лько вре́мени (Как до́лго) ты де́лал дома́шние зада́ния?

너는 숙제를 얼마 동안 했니?

Я де́лал дома́шние зада́ния оди́н день.

나는 하루 동안 했어.

За ско́лько вре́мени ты сде́лал дома́шние зада́ния?

너는 숙제를 몇 시간 동안 다 했니?

Я сде́лал дома́шние зада́ния за оди́н день.

하루 동안 숙제를 다 했어.

1. 다음 질문에 러시아어로 답하세요.

❶ В России сколько человек пользуется Интернетом?

❷ В Корее сколько человек пользуется Интернетом?

❸ Вы хотите подключиться к Интернету?

❹ Какое имя пользователя и пароль вы используете?

❺ Какой электронный адрес у тебя?

2. 다음에 알맞은 격 형태나 전치사구를 넣으세요.

❶ Мы любим (Россия).

❷ Корея достигла (экономические успехи).

❸ Я завидую (ты).

❹ В Корее сколько человек пользуются (интернет)?

❺ Он стремится (власть).

❻ Не беспокоитесь (я).

❼ Я направляю тебе материалы (э-почта).

❽ Я прочитал книгу (3 часа).

❾ В России футбол пользуется (большая популярность).

❿ Я хочу подключиться (Интернет)?

3. 다음을 러시아어로 옮기세요.

❶ 한국의 인터넷 이용 인구는 몇 명입니까?

____

❷ 인터넷이 큰 인기를 누리는 이유가 뭐라고 생각하세요?

____

❸ 인터넷은 가장 대중적이고 신속한 정보 소스이다.

____

❹ 인터넷은 가장 진보적인 소통과 커뮤니케이션 수단이다.

____

❺ 인터넷은 비즈니스를 위한 가장 편안한 공간이다.

____

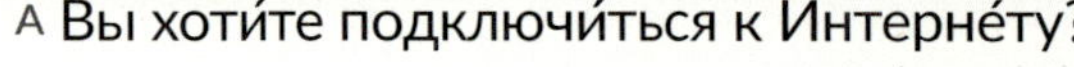

A Вы хоти́те подключи́ться к Интерне́ту?
인터넷 접속을 원하십니까?

B Да, (я) хочу́.
네, 원합니다.

A Како́е и́мя по́льзователя и паро́ль вы испо́льзуете?
어떤 ID와 PW를 사용하세요?

B Моё и́мя по́льзователя – larisa2015. А паро́ль - msu2015.
ID는 larisa2015입니다.
PW는 msu2015입니다.

A Како́й электро́нный а́дрес у вас?
이메일 주소가 어떻게 되세요?

B mihail@mail.ru.
mihail@mail.ru입니다.

A Как вы направля́ете нам ну́жные докуме́нты?
우리에게 필요서류를 어떻게 보낼 건가요?

B Мы направля́ем их по электро́нной по́чте.
전자우편으로 보내겠습니다.

A Когда́ ты пошлёшь мне звуково́й файл?
언제 음성파일 보낼 거야?

B Че́рез час по электро́нной по́чте.
한 시간 후 이메일로 보낼게.

A Ты не испо́льзуешь Kakao talk?
너 카카오톡 사용 안 하니?

B Пока́ нет.
아직 안 해.

A Сове́тую тебе́ испо́льзовать его́.
사용하라고 충고하고 싶어.

B Каки́е досто́инства у KakaoTalk?
카카오톡의 장점이 뭐야?

A KakaoTalk – э́то удо́бный и бы́стрый ме́ссенджер. Мо́жно беспла́тно отправля́ть сообще́ния, фо́то, видео, голосовы́е за́писи и ва́ши местоположе́ния.
카카오톡은 편안하고 빠른 메신저야.
메시지, 사진, 동영상, 음성녹음 파일,
그리고 네 소재지도 무료로 보낼 수 있어.

A Вы ещё не регистри́ровались на Фейсбу́ке?
페이스북에 아직 가입 안 하셨나요?

B Нет. Я хочу́ защити́ть свою́ ли́чную жизнь.
아뇨. 난 사생활을 보호하고 싶어요.

A Поня́тно. Но я хочу́ посове́товать вам сро́чно зарегистри́роваться на Фейсбу́ке. Фейсбу́к – э́то социа́льная сеть. Это соединя́ет люде́й с дру́зьями, колле́гами по рабо́те, учёбе и с те́ми, кто живёт вокру́г.
이해됩니다. 하지만 페이스북에 빨리
가입하라고 충고하고 싶네요.
페이스북은 소셜네트워크입니다.
친구, 직장 동료, 학교 동창, 주변
사람들과 연결해 주지요.

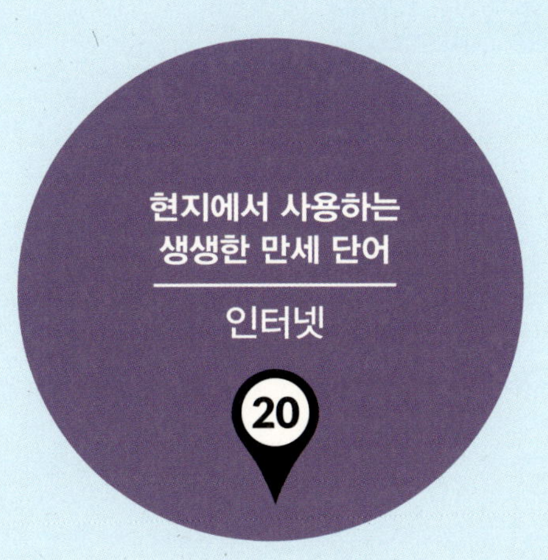

20-3. MP3

Интерне́т	인터넷
сверхскоростно́й интерне́т	초고속 인터넷
широкополо́сный интерне́т	광대역 인터넷
интерне́т-кафе́	인터넷 카페
телекоммуникацио́нная сеть	통신망
в режи́ме ре́ального вре́мени	실시간으로
в онла́йновом режи́ме	온라인상으로
шо́пинг в интерне́те	인터넷 쇼핑
виртуа́льное простра́нство	가상공간

и́мя по́льзователя	아이디
паро́ль	비밀번호
по электро́нной по́чте	전자우편으로
посла́ть по электро́нной по́чте	전자우편으로 보내다
электро́нный а́дрес	이메일 주소
Фейсбу́к	페이스북
социа́льная сеть	소셜네트워크
зарегистри́роваться на Фейсбу́к	페이스북에 가입하다
зави́симость от интерне́та (интерне́т- зави́симость)	인터넷 중독

виртуа́льный мир	가상세계
и-мэ́йл	이메일
подключи́ться к Интерне́ту	인터넷에 접속하다
воспо́льзоваться компью́тером	컴퓨터를 사용하다
ПК(Персона́льный Компью́тер)	PC
зи́п-драйв	압축 드라이브
дома́шная страни́ца	홈페이지
сайт	사이트
Веб-портал	웹포탈

хище́ние ли́чной информа́ции	개인 정보 해킹
защи́та ли́чной информа́ции	개인 정보 보호
Электро́нная комме́рция, Электро́нная торго́вля	전자 상거래
ю́зер	유저
Програ́ммное обеспе́чение (ПО)	소프트웨어
Техни́ческое обеспе́чение (ТО)	하드웨어

인터넷

"러시아의 구글, 얀덱스"
Яндекс - Google в России

얀덱스는 러시아의 '구글'이라고 불릴 만큼, 높은 인기를 누리고 있는 검색 엔진이다. 통계업체 '라이브인터넷닷아르유'에 따르면, 얀덱스는 러시아 검색 시장 점유율 59%를 차지하고 있다. 구글이 31%로 그 뒤를 이었다. 얀덱스는 전 세계 검색 엔진 시장점유율 2.8%를 차지하고 있으며, 전 세계에서 네 번째로 많은 사용자를 보유하고 있기도 하다. 검색 엔진 외에도 음악, 번역, 메일, 지도 서비스 등도 제공한다.

얀덱스는 검색 엔진 품질을 높이기 위해 기계 학습 및 새로운 알고리즘 개발에 공을 들이고 있다. 얀덱스는 17년간 수십 억 개 인터넷 페이지를 분석하고, 사용자가 입력한 질문에 최적의 결과를 내놓으려 노력하고 있다. 최근엔 '매트릭스넷'이라는 기계 학습 기술도 만들었다. 이렇게 개발한 기술을 내부 검색 엔진에만 적용하는 게 아니라 외부 고객에게 내놓아 새로운 수익 모델을 찾으려는 것으로 보인다.

얀덱스는 유럽원자핵공동연구소(CERN)와의 협업뿐만 아니라 다양한 산업 분야에도 얀덱스 빅데이터 기술을 확대할 예정이다. 얀덱스는 매트릭스넷으로 이미지 인식, 음성 인식, 추천 기능, 트래픽 모니터링 등을 비록하여, 금융, 연구소, 유통업, 농업 분야 등 전 세계 다양한 산업군에 빅데이터 분석 솔루션을 내놓으며, 러시아를 넘어 전 세계적인 검색 엔진 포탈로 자리매김하고자 노력하고 있다.

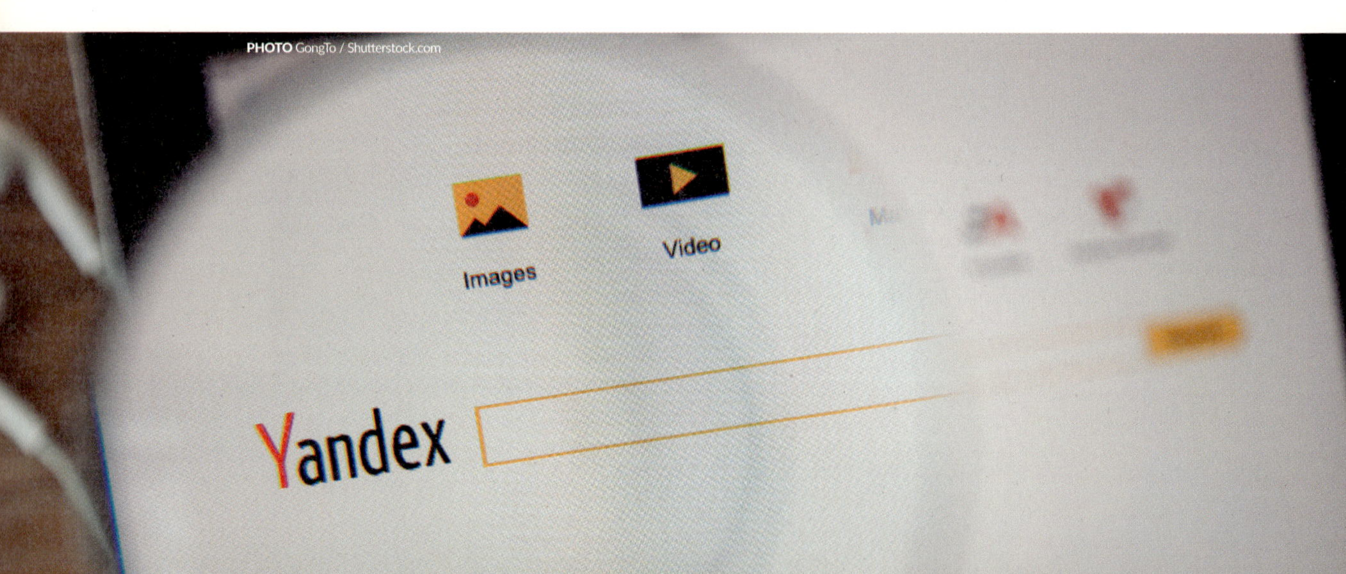

PHOTO GongTo / Shutterstock.com

Yandex
Яндекс

Яндекс
Такси
Бесплатно
в Парк
Горького
В Парк
Горького
Яндекс
Такси
Бесплатно
в Парк
Горького
В Парк
Горького

러시아어 첫걸음 문법 편람

1. 명사의 격변화

남성명사 / 단수

주격	заво́д	геро́й	води́тель	санато́рий
생격	заво́да	геро́я	води́теля	санато́рия
여격	заво́ду	геро́ю	води́телю	санато́рию
대격	заво́д	геро́я *	води́теля	санато́рий
조격	заво́дом	геро́ем	води́телем	санато́рием
전치격	(о) заво́де	(о) геро́е	(о) води́теле	(о) санато́рии

남성명사 / 복수

주격	заво́ды	геро́й	води́тели	санато́рии
생격	заво́дов	геро́ев	води́телей	санато́риев
여격	заво́дам	геро́ям	води́телям	санато́риям
대격	заво́ды	геро́ев *	води́телей	санато́рии
조격	заво́дами	геро́ями	води́телями	санато́риями
전치격	(о) заво́дах	(о) геро́ях	(о) води́телях	(о) санато́риях

* 남성 활동체 명사의 대격은 생격과 같으며 이 규칙은 단수와 복수 생격에 각각 적용된다.

** **отéц, день** 등의 남성 명사는 변화할 때 모음 **-е-**가 탈락하며, **отца́, отцу́, дня, дню**처럼 변화한다.

여성명사 / 단수

주격	маши́на	неде́ля	ста́нция	ча́сть
생격	маши́ны	неде́ли	ста́нции	ча́сти
여격	маши́не	неде́ле	ста́нции	ча́сти
대격	маши́ну	неде́лю	ста́нцию	ча́сть
조격	маши́ной	неде́лей	ста́нцией	ча́стью
전치격	(о) маши́не	(о) неде́ле	(о) ста́нции	(о) ча́сти

여성명사 / 복수

주격	маши́ны	неде́ли	ста́нции	ча́сти
생격	маши́н	неде́ль	ста́нций	часте́й
여격	маши́нам	неде́лям	ста́нциям	частя́м
대격	маши́ны	неде́ли	ста́нции	ча́сти
조격	маши́нами	неде́лями	ста́нциями	частя́ми
전치격	(о) маши́нах	(о) неде́лях	(о) ста́нциях	(о) частя́х

мать는 다음과 같이 특수변화한다.

	단수	복수
주격	мать	ма́тери
생격	ма́тери	матере́й
여격	ма́тери	матеря́м
대격	мать	матере́й
조격	ма́терью	матеря́ми
전치격	(о) ма́тери	(о) матеря́х

중성명사 / 단수

주격	ме́сто	мо́ре	зда́ние	вре́мя
생격	ме́ста	мо́ря	зда́ния	вре́мени
여격	ме́сту	мо́рю	зда́нию	вре́мени
대격	ме́сто	мо́ре	зда́ние	вре́мя
조격	ме́стом	мо́рем	зда́нием	вре́менем
전치격	(о) ме́сте	(о) мо́ре	(о) зда́нии	(о) вре́мени

중성명사 / 복수

주격	места́	моря́	зда́ния	времена́
생격	мест	море́й	зда́ний	времён
여격	места́м	моря́м	зда́ниям	времена́м
대격	места́	моря́	зда́ния	времена́
조격	места́ми	моря́ми	зда́ниями	времена́ми
전치격	(о) места́х	(о) моря́х	(о) зда́ниях	(о) времена́х

2. 형용사의 격변화

남성 형용사

주격	но́вый	молодо́й	хоро́ший	си́ний
생격	но́вого	молодо́го	хоро́шего	си́него
여격	но́вому	молодо́му	хоро́шему	си́нему
대격	но́вого	молодо́го	хоро́шего	си́него
	но́вый	молодо́й	хоро́ший	си́ний
조격	но́вым	молоды́м	хоро́шим	си́ним
전치격	(о) но́вом	(о) молодо́м	(о) хоро́шем	(о) си́нем

여성 형용사

주격	но́вая	молода́я	хоро́шая	си́няя
생격	но́вой	молодо́й	хоро́шей	си́ней
여격	но́вой	молодо́й	хоро́шей	си́ней
대격	но́вую	молоду́ю	хоро́шую	си́нюю
조격	но́вой	молодо́й	хоро́шей	си́ней
전치격	(о) но́вой	(о) молодо́й	(о) хоро́шей	(о) си́ней

중성 형용사

주격	но́вое	молодо́е	хоро́шее	си́нее
생격	но́вого	молодо́го	хоро́шего	си́него
여격	но́вому	молодо́му	хоро́шему	си́нему
대격	но́вое	молодо́е	хоро́шее	си́нее
조격	но́вым	молоды́м	хоро́шим	си́ним
전치격	(о) но́вом	(о) молодо́м	(о) хоро́шем	(о) си́нем

복수 형용사

주격	но́вые	молоды́е	хоро́шие	си́ние
생격	но́вых	молоды́х	хоро́ших	си́них
여격	но́вым	молоды́м	хоро́шим	си́ним
대격	но́вых	молоды́х	хоро́ших	си́них
	но́вые	молоды́е	хоро́шие	си́ние
조격	но́выми	молоды́ми	хоро́шими	си́ними
전치격	(о) но́вых	(о) молоды́х	(о) хоро́ших	(о) си́них

3. 의문대명사의 격변화

주격	кто	что	대격	кого́	что
생격	кого́	чего́	조격	кем	чем
전치격	кому́	чему́	전치격	(о) ком	(о) чём

4. 소유대명사의 격변화

단수

	남성	여성	중성	남성	여성	중성
주격	мой	моя́	моё	твой	твоя	твоё
생격	моего́	моей	моего́	твоего́	твоей	твоего́
여격	моему́	моей	моему́	твоему́	твоей	твоему́
대격	моего́	мою́	моё	твоего́	твою́	твоё
	мой			твой		
조격	мойм	моей	моим	твойм	твоей	твойм
전치격	(о) моём	(о) моей	(о)моём	(о) твоём	(о) твоей	(о) твоём
주격	наш	на́ша	на́ше	ваш	ва́ша	ва́ше
생격	на́шего	на́шей	на́шего	ва́шего	ва́шму	ва́шего
여격	на́шему	на́шей	на́шему	ва́шему	ва́шей	ва́шему
대격	на́шего	на́шу	на́ше	ва́шего	ва́шу	ва́ше
	наш			ваш		
조격	на́шим	на́шей	на́шим	ва́шим	ва́шей	ва́шим
전치격	(о) на́шем	(о) на́шей	(о) на́шем	(о) ва́шем	(о) ва́шей	(о) ва́шем

복수

	남성	여성	중성	남성
주격	мой	твой	на́ши	ваши
생격	мойх	твойх	на́ших	ва́ших
여격	мойм	твойм	на́шим	ва́шим
대격	мойх	твойх	на́ших	ва́ших
	мой	твой	на́ши	ва́ши
조격	мойми	твойми	на́шими	ва́шими
전치격	(о) мойх	(о) твойх	(о) на́ших	(о) ва́ших

* его́, её, их는 불변이다.

5. 인칭대명사의 격변화

단수

주격	я	ты	он	она́	оно́
생격	меня́	тебя́	его́(у него́)	её(у неё)	его́(у него́)
여격	мне	тебе́	ему́(к нему́)	ей(к ней)	ему́(к нему́)
대격	меня́	тебя́	его́(на него́)	её(на неё)	его́(на него́)
조격	мной	тобо́й	им(с ним)	ей(с ней)	им(с ним)
전치격	(обо) мне	(о) тебе́	(о) нём	(о) ней	(о) нём

복수

주격	мы	вы	они́
생격	нас	вас	их(у них)
여격	нам	вам	им(к ним)
대격	нас	вас	их(на них)
조격	на́ми	ва́ми	и́ми(с ни́ми)
전치격	(о) нас	(о) вас	(о) них

6. 기타 대명사의 격변화

	단수			복수
	남성	여성	중성	
주격	э́тот	э́та	э́то	э́ти
생격	э́того	э́той	э́того	э́тих
여격	э́тому	э́той	э́тому	э́тим
대격	э́того	э́ту	э́то	э́тих
	э́тот			э́ти
조격	э́тим	э́той	э́тим	э́тими
전치격	(об) э́том	(об) э́той	(об) э́том	э́тих

	단수			복수
	남성	여성	중성	
주격	тот	та	то	те
생격	того́	той	того́	тех
여격	тому́	той	тому́	тем
대격	того́	ту	то	тех
	тот			те
조격	тем	той	тем	те́ми
전치격	(о) том	(о) той	(о) том	(о) тех

	단수			복수
	남성	여성	중성	
주격	весь	вся	всё	все
생격	всего́	всей	всего́	всех
여격	всему́	всей	всему́	всем
대격	всего́	всю	всё	всех
	весь			все
조격	всем	всей	всем	все́ми
전치격	(о) всём	(о) всей	(о) всём	(обо) всех

	단수			복수
	남성	여성	중성	
주격	чей	чья	чьё	чьи
생격	чьего́	чьей	чьего́	чьих
여격	чьему́	чьей	чьему́	чьим
대격	чьего́	чью	чьё	чьих
	чей			чьи
조격	чьим	чьей(чье́ю)	чьим	чьи́ми
전치격	(о) чьём	(о) чьей	(о) чьём	(о) чьих

재귀대명사 себя

주격	
생격	себя́
여격	себе́
대격	себя́
조격	собо́й
전치격	(о) себе́

7. 수사

기수사

1. оди́н (одна́, одно́)	20. два́дцать
2. два (две)	30. три́дцать
3. три	40. со́рок
4. четы́ре	50. пятьдеся́т
5. пять	60. шестьдеся́т
6. шесть	70. се́мьдесят
7. семь	80. во́семьдесят
8. во́семь	90. девяно́сто
9. де́вять	100. сто
10. де́сять	200. две́сти
11. оди́ннадцать	300. три́ста
12. двена́дцать	400. четы́реста
13. трина́дцать	500. пятьсо́т
14. четы́рнадцать	600. шестьсо́т
15. пятна́дцать	700. семьсот
16. шестна́дцать	800. восемьсо́т
17. семна́дцать	900. девятьсо́т
18. восемна́дцать	1000. ты́сяча
19. девятна́дцать	

기수사

	단수			복수
	남성	여성	중성	
주격	оди́н	одна	одно́	одни́
생격	одного́	одно́й	одного́	одни́х
여격	одному́	одно́й	одному́	одни́м
대격	одного́	одну́	одно́	одни́х
	оди́н			одни́
조격	одни́м	одно́й	одни́м	одни́ми
전치격	(об) одно́м	(об) одно́й	(об) одно́м	(об) одни́х

서수사

1. пе́рвый	15. пятна́дцатый
2. второ́й	16. шестна́дцатый
3. тре́тий	17. семна́дцатый
4. четвёртый	18. восемна́дцатый
5. пя́тый	19. девятна́дцатый
6. шесто́й	20. двадца́тый
7. седьмо́й	30. тридца́тый
8. восьмо́й	40. сороково́й
9. девя́тый	50. пятидеся́тый
10. деся́тый	60. шестидеся́тый
11. оди́надцатый	70. семидеся́тый
12. двена́дцатый	80. восьмидеся́тый
13. трина́дцатый	90. девяно́стый
14. четы́рнадцатый	100. со́тый

* 서수사의 격변화는 형용사의 격변화와 동일하다. 예외적으로 변화하는 **третий**의 격변화는 다음과 같다.

	단수			복수
	남성	여성	중성	
주격	тре́тий	тре́тья	тре́тье	тре́тьи
생격	тре́тьего	тре́тьей	тре́тьего	тре́тьих
여격	тре́тьему	тре́тьей	тре́тьему	тре́тьим
대격	тре́тьего	тре́тью	тре́тье	тре́тьих
	тре́тий			тре́тьи
조격	тре́тьим	тре́тьей	тре́тьим	тре́тьими
전치격	(о) тре́тьем	(о) тре́тьей	(о) тре́тьем	(о) тре́тьих

8. 동사의 활용

제 1 활용형 – 부정사 чита́ть(불완료상)

현재		과거		미래		
я	чита́ю			я	бу́ду	
ты	чита́ешь			ты	бу́дешь	
он		он	чита́л	он		
она́	чита́ет	она́	чита́ла	она́	бу́дет	
оно́		оно́	чита́ло	оно́		чита́ть
мы	чита́ем	мы		мы	бу́дем	
вы	чита́ете	вы	чита́ли	вы	бу́дете	
они́	чита́ют	они́		они́	бу́дут	

제 1 활용형 – 부정사 прочита́ть(완료상)

현재	과거		미래	
-			я	прочита́ю
			ты	прочита́ешь
	он	прочита́л	он	
	она́	прочита́ла	она́	прочита́ет
	оно́	прочита́ло	оно́	
	мы		мы	прочита́ем
	вы	прочита́ли	вы	прочита́ете
	они́		они́	прочита́ют

제 2 활용형 – 부정사 стро́ить(불완료상)

현재		과거		미래		
я	стро́ю			я	бу́ду	
ты	стро́ишь			ты	бу́дешь	
он		он	стро́ил	он		
она́	стро́ит	она́	стро́ила	она́	бу́дет	стро́ить
оно́		оно́	стро́ило	оно́		
мы	стро́им	мы		мы	бу́дем	
вы	стро́ите	вы	стро́или	вы	бу́дете	
они́	стро́ят	они́		они́	бу́дут	

제 2 활용형 – 부정사 постро́ить(완료상)

현 재	과 거		미 래	
			я	постро́ю
			ты	постро́ишь
	он	постро́ил	он	
	она́	постро́ила	она́	постро́ит
	оно́	постро́ило	оно́	
	мы		мы	постро́им
	вы	постро́или	вы	постро́ите
	они́		они́	постро́ят

명령법 Постро́й! Постро́йте!

смелый вызов
миру
начальный курс
русского языка

УРОК 1

1.
① Доброе ② Добрый ③ Добрый

2.
① мой ② твоя ③ ваш ④ наша

3.
① Меня зовут --.
② Моя фамилия --.
③ Хорошо. Спасибо.
④ Нориально. Спасибо.
⑤ А.С. Пушкин - это писатель.
⑥ Чайковский - это композитор.
⑦ Юрий Гагарин - это космонавт.
⑧ Репин - это художник.
⑨ Пезидент России - Владимир Путин.
⑩ Президент Кореи - Пак Гын Хе.

4.
① Здравствуйте!
② Приятно встретиться с вами.
③ Кто вы?
④ Я студент.
⑤ До свидания.

УРОК 2

1.
① мне ② маме ③ Тебе ④ Нам ⑤ другу

2.
① Какой красивый город!
② Какая интересная книга!
③ Какое высокое здание!
④ Какой хороший студент!

3.
① Что ② Кто ③ Какой ④ Какая

4.
① Да, мне нравится Россия.
   Нет, мне не нравится Россия.
② Да, мне нравится Москва.
   Нет, мне не нравится Москва.
③ Да, мне нравится русская кухня.
   Нет, мне не нравится русская кухня.
④ Да, мне нравится корейская музыка.
   Нет, мне не нравится корейская музыка.

5.
① Что это?
② Это Большой театр.
③ Тебе нравится русская музыка?
④ Вам нравится этот фильм?
⑤ Какой красивый город!

УРОК 3

1.
① брата ② сестры ③ России ④ сына

2.
① У меня нет машины.

② У нас нет компьютера.

③ У него нет ни брата, ни сестры.

④ У нас нет ни дедушки, ни бабушки.

3.

① У иеня большая (небольшая, маленькая) семья.

② Да, у меня большая семья.

Нет, у меня маленькая семья.

③ Да, у меня есть брат.

Нет, у меня нет брата.

④ Да, у меня есть сестра.

Нет, у меня нет сестры.

⑤ Да, у меня есть дети.

Нет, уменя нет детей.

4.

① У меня большая семья.

② У тебя маленькая семья?

③ У меня старший брат и старшая сестра.

④ У меня нет ни брата,ни сестры.

⑤ У тебя есть дедушка и бабушка?

УРОК 4

1.

① журнал ② радио ③ студента
④ брата ⑤ новую книгу ⑥ музыку
⑦ тебя ⑧ вас ⑨ меня ⑩ его

2.

① делаете ② делаешь ③ читаю
④ говоришь ⑤ смотрим ⑥ слушают
⑦ знаю ⑧ сидит ⑨ играете ⑩ работаю

3.

① Я читаю газету.

② Я смотрю телевизор.

③ Я делаю домашние задания.

④ Я играю в футбол.

4.

① Вечером я обычно читаю книги.

② Что ты делаешь после урока?

③ Вы играете в гольф?

④ Давайте посмотрим фильм.

⑤ После работы я смотрю телевизор.

УРОК 5

1.

① журнал ② газету ③ письмо
④ домашнее задание ⑤ фильм

2.

① люблю ② любишь ③ любит ④ любим
⑤ любите ⑥ любят

3.

① Да, я люблю смотреть телевизор.

Нет, я не люблю смотреть телевизор.

② Да, я люблю гольф.

Нет, я не люблю гольф.

③ Да, я люблю корейскую кухню.

Нет, я не люблю корейскую кухню.

④ Да, я люблю путешествовать.

Нет, я не люблю путешествовать.

⑤ Да, я люблю плавать.

Нет, я не люблю плавать.

4.

① Что ты любишь делать?

② Я люблю работать в Интернете.

③ Мы любим русскую культуру.

④ Моё хобби – смотреть фильмы.

⑤ Какую музыку вы любите?

УРОК 6

1.

① мелом ② карандашом ③ с вами

④ с подругой ⑤ С Новым годом

2.

① тепло ② холодно ③ интересно

④ Мне ⑤ Нам

3.

① Весной тепло.

② Летом жарко.

③ Осенью прохладно.

④ Зимой холодно.

4.

① Какая сегодня погода?

② Сегодня прекрасная погода.

③ Какое время года ты любишь?

④ Я люблю весну.

⑤ Мне интересно заниматься
   русским языком.

УРОК 7

1.

① в ② на ③ на ④ на ⑤ в ⑥ в ⑦ на

⑧ в ⑨ на ⑩ на

2.

① Москве ② концерте ③ уроке

④ заводе ⑤ компании

3.

① учусь ② учишься ③ учится ④ учимся

⑤ учитесь ⑥ учатся

4.

① Мои родители живут в Киеве.

② Моя работа находится в центре города.

③ Трудно учиться русскому языку.

④ Мой сын учится в начальной школе.

⑤ Он говорит английским языком, и
   работает в иностранной фирме.

УРОК 8

1.

① хочу ② хочешь ③ хочет ④ хотим

⑤ хотите ⑥ хотят

2.

① переводчиком ② Что ③ Кем

④ мороженое ⑤ бизнесменом

3.

① Я хочу салат / борщ / чёрный хлеб / торт.

② Я хочу попить кофе / колу / сок.

③ Я хочу играть в пинг-понг / пойти на концерт / гулять / смотреть фильм / работать в Интернете.

④ Я хочу играть в пинг-понг / пойти на концерт / гулять / смотреть фильм / работать в Интернете.

⑤ Я хочу стать юридистом / инженером / учителем / врачом / артистом / переводчиком.

⑥ Я хочу стать юридистом / инженером / учителем / врачом / артистом / переводчиком.

4.

① Скажите мне, пожалуйста, есть ли у вас время.

② Я хочу знать, читает ли он доклад.

③ Родители хотят знать, идут ли мои дела хорошо.

④ Я не знаю, есть ли у меня способность к языку.

5.

① Я хочу вести бизнес в Средней Азии.

② Кем вы хотите стать?

③ Я хочу стать писателем.

④ Он хочет купить компьютер Apple.

⑤ Я не знаю, есть ли у меня возможность поехать в Россию.

УРОК 9

1.

① библиотеку
библиотеке

② концерт
концерте

③ центр города
центре города

④ Москве
Москву

2.

① иду ② идёт ③ едет ④ едет ⑤ едем

3.

① Я еду в универмаг купить подарок.

② Я еду в Сант-Петербург учиться русскому языку.

③ Я иду в библиотеку взять книги.

④ Он едет на стадион смотреть футбольный матч.

⑤ Я еду на метро станцию встретиться с другом.

⑥ Я иду на почту отправить посылку.

4.

① Я иду на рынок за мясом.

② Коля идёт в в библиотеку за книгами.

③ Моя сестра идёт на почту за письмом.

④ Мы идём в магазин за вином.

5.

① Скажите, пожалуйста, куда идёт

президент.

② Он сейчас едет на работу.

③ Я еду в «Электронику» купить компьютер.

④ Дядя едет в командировку в Америку.

⑤ Я еду на стажировку в Россию.

② Каждый день я хожу на стадион.

③ От дома до университета нет прямого сообщения, поэтому нужно делать пересадку.

④ Она едет в Минск на самолёте.

⑤ Удобно пользоваться общественным транспортом.

УРОК 10

1.

① Куда ② Где ③ Как ④ Куда

2.

① иду

хожу

② еду

езжу

③ иду

хожу

④ едешь

ездишь

3.

① Он едет в Москву на самолёте.

② Ты едешь в Киев на поезде?

③ Они ездят в университет на трамвае.

④ Я еду в центр на троллейбусе.

4.

① Мне ② Тебе ③ Нам

④ Вам ⑤ Им

5.

① Я обычно езжу на работу на метро.

УРОК 11

1.

① В понедельник Нина работала в библиотеке.

② Во вторник Нина гуляла в Культурном парке.

③ В средуНина смотрела телевизор.

④ В четверг Нина была в музее.

⑤ В пятницу Нина играла в теннис.

⑥ В субботу Нина смотрел акино.

⑦ В воскресенье Нина шла на концерт.

2.

① делала ② ехал ③ звонила

④ были ⑤ читали

3.

① Моё хобби – это музыка / кино / спорт / литература / чтение / собрание марок / компьютерные игры;

② Моё хобби – слушать музыку / смотреть фильмы / ходить в театр / читать книги / собрать марки / играть в гольф / путешествовать;

4.

① Мне было хорошо на концерте.

② Тебе было не трудно?

③ Ему было интересно на уроке.

④ Нам было удобно работать на компьютере.

5.

① Вчера я сидел весь день и было скучно.

② Вчера было интересно на вечере?

③ Какое у тебя хобби?

④ Моё хобби – читать веб-комиксы.

⑤ Летом они ездили на Чёрное море.

УРОК 12

1.

① читал, прочитал

② написать

③ делала, сделала

④ решали, решили

⑤ пойти

2.

И пришла (완료상 동사 : 행위의 완료) к Айболиту лиса: «Ой, меня укусила (완료상 동사 : 행위 결과) оса!»

И пришёл (완료상 동사 : 행위의 완료) к Айболиту барбос: «Меня курица клюнула (완료상 동사 : 행위 결과) в нос!»

И прибежала (완료상 동사 : 행위의 완료) зайчиха И закричала (완료상 동사 : 행위 시작): «Ай, ай! Мой зайчик попал (완료상 동사 : 행위의 완료) под трамвай! Мой зайчик, мой мальчик Попал (완료상 동사 : 행위의 완료) под трамвай!

Он бежал (불완료상 동사 : 행위 계속) по дорожке, И

ему перерезало (완료상 동사 : 행위 결과) ножки, И теперь он больной и хромой, Маленький заинька мой!»

И сказал (완료상 동사 : 행위 완료) Айболит: «Не беда! Подавай-ка его сюда! Я пришью(완료상 동사 : 미래시제 행위 완료) ему новые ножки, Он опять побежит (완료상 동사 : 미래시제 행위 시작) по дорожке.»

아이발릿 선생님에게 여우가 찾아왔어요. «아야! 벌이 나를 쐈어요!»
또 아이발릿 선생님에게 집 지키는 개가 찾아왔어요. «닭이 내 코를 쪼았어요!»
또 암토끼가 달려왔어요. 그리고 소리쳤어요. «아야, 아야! 우리 아기토끼가 전차에 깔렸어요! 우리 아기토끼, 우리 아기가 전차에 깔렸어요! 토끼가 길을 달리다가 다리가 부러졌어요, 내 작은 토끼!»
그리고 아이발릿 의사선생님이 말했어요. «걱정 마세요! 아기토끼를 여기로 데려오세요! 내가 새로운 다리를 꿰매 줄게요, 그러면 다시 달려 다닐 수 있을 거예요.»

3.

① Мы не смогли выполнить проект, потому что у нас не было денег.

② У меня нет шанса вести бизнес. Как мне делать?

③ Роман Л.Н. Толстого «Война и мнр» так длинный, что трудно его прочитать.

④ Нам приятно встречаться с русскими.

⑤ Он долго писал доклад, но не написал его.

УРОК 13

1.

① Костя и Вика встают и завтракают в 7 часов.

② Костя и Вика идут в школу в 8 часов.

③ Занятия начинаются в 10 часов.

④ Вика готовит обед в час.

⑤ Костя и Вика делают уроки в 3 часа.

⑥ Костя слушает музыку в 5 часов.

⑦ Костя и Вика ужинают в 7 часов.

⑧ Костя и Вика отдыхают в 8 часов.

⑨ Костя и Вика смотрят телевизор в 9 часов.

⑩ Костя и Вика ложатся спать в 11 часов вечера.

2.

① девочка ② человека ③ дочери

④ студенток ⑤ года ⑥ лет ⑦ год

⑧ года ⑨ часов ⑩ час

3.

① Я выхожу из дому в 8 часов.

② Моя робота начинается в 9 часов.

③ Урок по русской культуре кончается в 3 часа.

④ Я делаю домашние задания в 7 часов вечера.

⑤ Мои родители ложатся спать в 10 часов вечера.

УРОК 14

1.

① Можно купить детские игрушки в универмаге для детей.

② Можно купить сувениры в магазине «Сувени́ры».

③ Можно купить продовольственные продукты в магазине «Продукты».

④ Можно купить хлеб в булочной.

⑤ Где можно купить электронные изделия в магазине «Электроника».

2.

① Дайте ② Скажите ③ Говорите

④ Покажите ⑤ Проходите, садитесь

3.

① говорите ② Говорите ③ Покажите

④ Откройте ⑤ Дайте

4.

① Красный цвет очнь идёт вам.

② Сколько дней идёт посылка от Москвы до Сеула?

③ Сколько стоит портативный компьютер (Нотбук) Самсунг?

④ Проводите, пожалуйста, время приятно в Корее.

⑤ Можно купить детские товары в универмаге для детей.

УРОК 15

1.

① На уик-энде я буду отдыхать.

② В воскресенье я буду играть в бадминтон.

③ Я поеду в Россию изучать русский язык.

④ Я буду учиться русской грамматике.

2.

① Я буду читать книгу.

② Он будет писать доклад.

③ Мы будем слушать лекцию.

④ Они будут делать домашние задания.

⑤ Мои друзья будут на концерте.

3.

① Ты напишешь доклад?

② Мы выполним проект.

③ Она решим задачи.

④ Я сделаю домашние задания.

⑤ Они прочитают статью.

4.

① Какой план у вас на будущее?

② Что ты будешь делать на уик-энде?

③ Я напишу доклад до конца следующей недели.

④ Он прочитает роман «Анна Каренина» до завтра.

⑤ У вас будет время послезавтра?

УРОК 16

1.

① Я играю в гольф.

② Потому что у меня нет времени.

③ Я занимаюсь переводом.

④ Дорога от дома до работы занимает 45 минут.

2.

① Давайте ходим в театр.

② Давайте играем в футбол.

③ Давайте занимаемся русским языком.

④ Давайте работаем усердно.

3.

① времени

② шансов

③ русской литературой

④ пост

⑤ Каким видом спорта

4.

① Кто-то

② Что-то

③ кого-нибудь

④ что-нибудь

5.

① Каким видом спорта вы занимаетесь?

② Так как спорт отнимает много времени, я не занимаюсь спортом.

③ У него был хороший шанс вести бизнес в России.

④ У нас мало свободного времени.

⑤ Давайте познакомимся.

УРОК 17

1.

① Что у вас болит?

② Чем вы болеете?

③ Как вы чувствуете себя?

④ Что у вас болит?

⑤ Сколько вам лет?

2.

① Это самый умный студент в классе.

② Озеро Байкал – самое глубокое озеро в мире.

③ Пушкин А.С. – самый великий писатель.

④ Красная площадь – самая известная площадь Москвы.

3.

① курить ② кушать ③ пить ④ есть
⑤ войти ⑥ поработать ⑦ лежать
⑧ пить ⑨ одеваться ⑩ принимать

4.

① Самое важное в жизни – это здоровье.
② На что вы жалуетесь?
③ Врач советовал мне заниматься спортом.
④ У меня грипп и мне надо отдыхать дома.
⑤ Ты чувствуешь себя плохо и нельзя пить алкоголь.

УРОК 18

1.

① Я хочу салат мясной.
② Я хочу борщ.
③ Я хочу котлету.
④ Я хочу мороженое.

2.

① белее, снега
② моложе, меня
③ вкуснее, рыбных
④ старшее
⑤ более интересный

3.

① Она красива.
② Эта книга интересна.
③ Этот дом высок.
④ Эта одежда нова.

4.

① Москва более широкая, чем Санкт-Петербург.
② На сколько лет твой жених старше, чем ты?
③ Говорят, что мясные блюда вкуснее, чем рыбные.
④ Её кожа белее, чем снег.
⑤ Это место свободно? Можно садиться?

УРОК 19

1.

① Москву основал Юрий Долгорукий.
② Санкт-Петербург основал Пётр Первый.
③ Москва была основана в 12-ом веке.
④ Санкт-Петербург был основан в 18-ом веке.
⑤ Киев был основан в 5-ом веке.

2.

① Новое здание строится нашей компанией.
② Проект восоединения Кореи изучается нами.
③ Большой медицинский центр построен правительством.
④ Завод автомобилей в Санкт-Петербурге был построен предприятием Хёнде.

3.

① Мне
② компанией Лотте
③ меня
④ вашей помощи
⑤ русской истории

4.

① Москва вновь стала столицей России в начале 20-ого века.

② МГУ был основан Ломоносовым.

③ Санкт-Петербург славится долгой историей и традицией развития культуры и искусства.

④ Благодаря вашей помощи наша компания преодолела кризис.

⑤ Корейская письменность Хаегыль была создана Королем Седжоном Великим.

3.

① В Корее сколько человек пользуется Интернетом?

② Как вы думаете, почему Интернет пользуется большой популрностью?

③ Интернет – самый массовый и оперативный источник информации.

④ Интернет – самое прогрессивное средство общения и коммуникации.

⑤ Интернет – самое удобное пространство для бизнеса.

УРОК 20

1.

① В России Интернетом пользуется 62% населения страны или 68 млн человек.

② В Корее Интернетом пользуется 35 млн. человек.

③ Да, я хочу подключиться к Интернету.

④ Имя пользователя – миша, а пароль – русь 2016.

⑤ У меня электронный адрес – vladi2015@gmail.com.

2.

① Россию

② экономических успехов

③ тебе

④ интернетом

⑤ к власти

⑥ обо мне

⑦ по э-почте

⑧ за 3 часа

⑨ большой популярностью

⑩ к Интернету

раскрашивание

일러스트 컬러링

러시아어의 매력에 빠지는 잠깐의 휴식
나만의 달콤한 시간

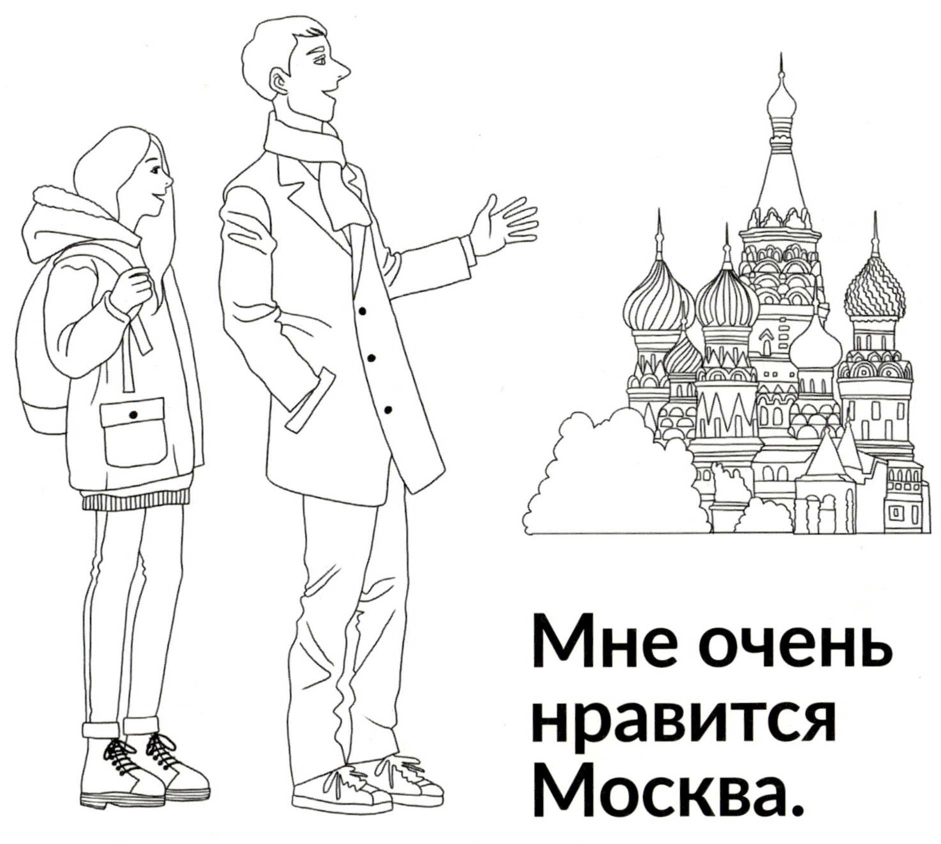

Мне очень нравится Москва.

У меня большая семья.

Привет, ребята!
Что вы делаете?

Какая сегодня погода?

Кем ты хочешь стать?

Где находится ваша работа?

Я люблю играть
в теннис.

ты уже прочитал
роман Л.Н.Толстого
«Анна Каренина»?

Что ты делаешь после работы?

Что вы посоветуете из фирменных блюд?

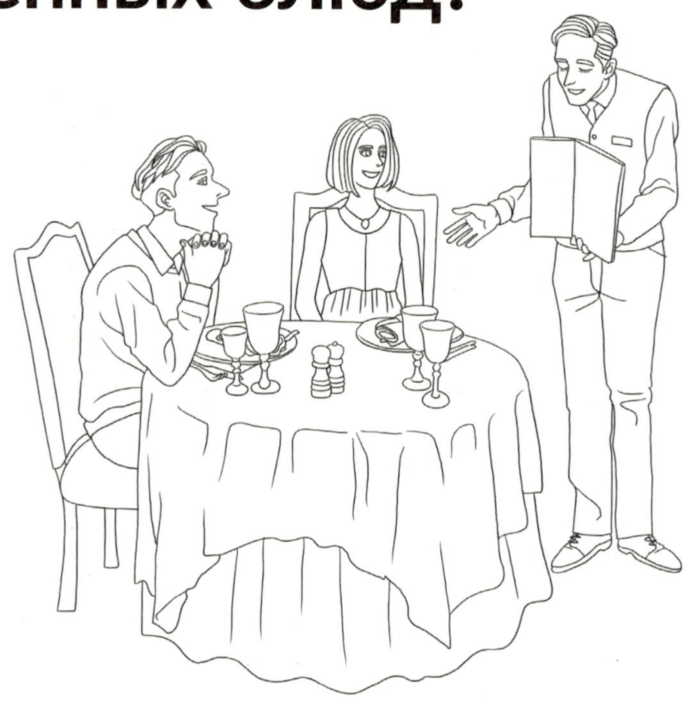

Спасибо! Благодаря тебе я разбиралась в истории Москвы.